肯亞？

不僅聽起來是一個很遠很遠的地方，而且聽起來就是一個「這輩子絕對不會主動想要去的地方」。

聽起來很熱，聽起來很原始，聽起來像是一個很多獅子合開餐廳的鬼地方。

等等，獅子？

在非洲大草原上看獅子交配，其實也是我生平最想做的十件事之一。

只是遛鳥國手李昆霖說要去肯亞，一定包含了集體遛鳥的變態行程。

身為一個經常被學校老師警告「請以身作則」的污名作家，為了我的書能在各個高中生抽屜裡苟延殘喘，我理當義正詞嚴地拒絕一起遛鳥。問題是，偏偏我這個人就是不能被說：「啊？什麼？你不敢？」

敢！

我當然敢！

為了正面迎擊遛鳥的問題，確確實實去肯亞露出結實的屁股，我開始每天慢跑，做仰臥起坐，還禁槍。正好我當時正在二水鄉公所服替代役，還滿常運動的，一想到可以在非洲光天化日下裸奔，就好開心。

沒想到，等我徹底鍛鍊完我頑強的肉體後，李昆霖突然宣佈，他的老婆王小啦懷了他的種！肯亞之行要延後一整年！

……在這莫其妙多出來的一整年裡，我變成了一個快樂的胖子。

我打定主意，如果偷偷鍛鍊身體的李昆霖在肯亞提議裸奔，我絕對不要中計！

作者自序／李昆霖

這趟肯亞之旅其實原本一開始是我為了彌補我老婆小啦只能去澎湖度蜜月，而為她安排的二度蜜月旅行。

沒想到我們的好朋友，也是全台灣最大的寵物昆蟲店老闆佐嘉跟亮亮聽到後，也很不要臉的說要跟著一起去。我想說，有這兩位生物學家在旁講解應該會增添更多樂趣，於是就讓他們跟。

其他好友們一聽到可以跟去肯亞玩，又加上我第一本書把八年前的肯亞自助行寫得很白痴搞笑（請參考《全世界都擋不住李昆霖》），竟然就像團購一樣爭先恐後的也報名說要參加。其中還包括了對外宣稱忙著寫作，但實際上卻一直忙著約會，看 A 片打手槍，玩得很爽的九把刀。

於是蜜月旅行就變成了一團十六人，剛剛好夠買團體機票的人數。至今我老婆還是無法理解為什麼有這麼多人跟在我們旁邊度蜜月？

既然確定了人選都是跟我們很合得來的好朋友，其中還有超級攝影師阿譽跟紀錄片導演鍾權，我就開始熱血了起來，認真籌備這趟肯亞行。

於是我很快就敲定全部十天九夜的行程，並且強迫全體成員提早付訂金免得他們臨陣退出，然後我就在二〇〇七年底獨自一人去日本滑了八天的雪。

結果從日本回來沒多久，我老婆王小啦就說她懷孕了。我仔細算了精子著床的日子應該是我在日本的那幾天。雖然王小啦一直辯解一定是我在出發去日本前一晚受孕的。但我還是覺得太扯，怎可能中出她整整八個多月都沒中鏢，就那麼剛剛好是我去日本的前一天？

尤其我兒子 Savi 剛生出來時竟然是單眼皮（我跟我老婆都是雙眼皮），長得真的好醜，不僅如此，竟然長得跟我好友佐嘉一模一樣，一度讓我很度爛，很想要中出佐嘉的老婆亮亮來報復他們的不倫。還好天佑李家，Savi 過沒多久就開始長出雙眼皮，變成了跟我小時候一樣的帥氣男孩。我才漸漸淡忘王小啦是在我出遠門不在家期間受孕這件事。

既然懷孕生了小孩，那發起人我就只好取消自己跟老婆的名額，一一的跟隊友們道歉，哽咽的跟大家說我無法帶他們去玩了。

「可是我比較想跟你去耶！」九把刀很噁心的對我表白。

「我們覺得跟你一起去才會比較好玩，我們願意再等一年才出發。」隊友們這樣感性的安慰我。

就這樣，我們把出發的日期往後延了一年。

一年很快就過去了，就在我們要出發去肯亞的前一個禮拜，八八水災奪走了很多台灣人民的性命。每天看到新聞報導都覺得很沉重，把我們即將出遊的興奮心情完全打壞。在台灣深受水災之害的同時，我們竟然還出國旅遊玩那麼爽，真的是很不好意思講出口的一件事。

黑犬在這次的肯亞之旅讓我們看到他突破性的演出，詳情請見第六天的裸奔接力。

酷哥跟酷嫂怎麼拍都像是共產國家的領導者啊！

阿譽從頭到尾把大家的照片都拍得很婚紗，有他的加入是最正確的決定啊！

歐陽慧心也是超白痴搞笑的！

好友 James 跟珊珊則是在最後關頭取代了主播陳以真和楊偉中的位置。

鍾權

但機票跟訂金已付，又加上大家好不容易喬出十天的空檔。我們還是抱著沉重的心情出發來肯亞，但同時思考著如何在肯亞幫助台灣人民。

於是我就把主意打到九把刀身上，問他有沒有興趣跟我一起把這十天的肯亞之旅寫成遊記出書，並且把這本書的部分版稅捐出去給災民。我負責寫旅遊資訊，他負責亂寫一通，反正只要是掛上他名字的書都會大賣。

九把刀當然是一口答應，並且也叫大家全部一起寫。像是攝影組的負責提供專業照片，每人都要交出一篇心得報告。

重點是，為了讓這本書賣好一點，內容一定要夠有趣。於是我要求全體隊員把心繫台灣的悲傷心情壓抑下來，努力把這趟旅行玩得很盡興。所以你們所看到的這些充滿歡笑的照片裡，如果仔細一看，就會發現我們眼角旁那強顏歡笑的淚水，並不是我們不小心玩得太開心啊，真的！

這本書是遠在肯亞的我們唯一能為台灣而做的一點小小心意，也希望大家能藉由這本書去感受肯亞的魅力，我心目中認為最好玩的地方，也是一生必去的地方。

最後放上一張鍾權的照片，我怎麼可能忘記這位從頭到尾一直在耍帥的導演呢。哼！明明就是我比較帥啊，我只不過就比較會大便罷啦！

第一天
Day 01

by 李昆霖
8/14 台灣 ► 香港 ► 肯亞

去肯亞玩就跟一般出國旅遊的玩法一樣可分三種方式：跟團、全自助跟半自助。最輕鬆但也最無趣的一種就是參加台灣旅行社所辦的團，因為通常都只是住高級度假村而無法用露營的方式去體驗原始的大自然，除了價錢比較貴以外，最辛苦的是還得跟同團的人裝熟。我通常是很不屑跟團出遊的，況且在自助旅行界裡，我遛鳥俠的地位就像九把刀在華人文學界裡一樣的重要。要是我還跟團的話，那豈不是砸了自己十幾年來的招牌?!我首先考慮的當然就是最冒險犯難的玩法，也就是最屌的全自助旅行，全程靠自己打理，包括租車、開車、看地圖、採購食物、煮飯等等。我們打算靠自己的力量玩遍肯亞，自己找路開車，累了就隨地生火紮營，並且設陷阱捕疣豬，吃完烤疣豬後，然後晚上輪流站崗防獅子跟大象攻擊。

可是問題來了，肯亞那麼大不是說你想看野生動物就能立刻看得到，而且路況很糟再加上路標指示不明顯很難找路。尤其是國家公園內完全沒有路標，非常容易迷路。迷路本身並不可怕，可怕的是在有獅子的野外把車子開到沒油。

其實以上都是藉口，這些都不是我放棄全自助旅遊的最主要原因。其實最主要的原因是租車公司的四輪傳動車都是手排車。重點是我並不會開手排車！

靠我自己也知道不會開手排車是很不 man 的一件事，但既然我自己無法享受在肯亞開車的樂趣，那我也無法坐視其他隊友們能體驗這種刺激感。

於是我選擇了半自助旅行，也就是跟肯亞當地旅行社聯絡，一起安排行程並且指定希望住宿的旅館跟露營的營區。換句話說，就是一點也不冒險犯難並且還吃得很好的行程，但還不至於弱到被其他的自助旅行家們取笑。

其實肯亞要能玩得好玩，就一定要用露營的方式才能體驗這裡的原始之美，像是狒狒集團用聲東擊西的方式偷走了吃到一半的水果，夜晚聽到帳篷外不知名動物的吼叫聲而緊張到睡不著；或是洗澡洗到一半停水，半裸衝出去另一個淋浴室卻撞見不小心闖進營區的大象，這些都是我這輩子難忘的回憶。

但那是八年前我獨自一人來肯亞的玩法，八年後帶著這一團十六人，就必須考慮到半數婦女們的方便性。所以我把行程做了一些調整，把露營的天數跟住度假村的天數安排各一半。

既然決定要有一半的天數是住旅館，那就要住最好的。所以我刻意安排入住最豪華的五星級度假村跟世界知名的樹屋，讓隊友們可以每天感受到當今M型社會最大的落差，今天可以跟來自世界各地的上流社會人士們一起在伊麗莎白女王曾住過的樹屋裡，一邊喝著英式下午茶一邊玩牌抓鬼一邊瞭望樹屋下吃鹽巴的大象。但隔天卻是從天堂掉入地獄，必須窩在營區公廁旁的帳篷裡忍受著惡臭，並且心驚膽戰的提防踩到某個幼稚又白目的隊友大在帳篷門口前的大便。

這次的旅行要特別感謝 101 旅行社（www.101vision.com)，他們不只提供最優惠的機票，售後服務更是令人印象深刻，這次旅行的尾聲出了一些意外差點無法回台灣，都是因為 101 旅行社的努力幫忙才能順利回台（謝謝 Genie 跟她的同事們），我被他們的服務感動到我現在每次出國訂機票都只會找這間旅行社。

Africahomeadventure.com 是我這次在網路上經過無數次的比價跟詢問後而選擇配合的肯亞當地旅行社。我覺得他們的價錢很實在，服務品質跟導遊的專業度都很有水準。我們這次十天九夜的行程（包括機票）每人的費用剛好壓在十萬元以下，我相信同樣的行程沒有第二家當地旅行社能做到同樣的價錢。有興趣去肯亞玩的讀者，可以上這個網站詢問。

去肯亞其實沒一般人所想像中的那麼複雜，從台灣出發坐晚上六點的班機只需要在香港轉機換肯亞航空，隔天早上六點就能抵達肯亞。

在領隊我英明的領導下，我們只花了不到三小時就辦完落地簽並且領完行李。其實從飛機落地到出關花上三小時在非洲的步調來說算是預料中的事。只要是行李沒弄丟都可以接受。

一出關就立刻有當地肯亞旅行社的司機來接我們，並且高高舉上我的名字。

我們這群鄉民把肯亞當成日本在玩，大家的行李箱都是硬殼的，差點讓司機放不下後車廂。

我們的第一站是被送到旅行社，把尾款美金一萬六付清。

我的手下們把錢清點好後，再交給組頭我，然後我再把錢交給旅行社的經理。其他人則是在食堂等飯。

我們在肯亞的第一餐大家尚可接受，很多人驚訝這裡竟然也有飯。

付完錢後我們立刻往馬賽馬拉出發，沿途都是一些賣爛東西的市集。

第一站 Rift Valley，很無趣的一個景點，也是第一個勒索觀光客的紀念品店。

這裡的人都亂開價，隨便都是成交價的十倍起跳。

接下來去一個小城鎮 Narok 的超市買水。

路況顛簸，小啦必須拉著柱子看著前方才不會暈車，此時暈車人數已高達四人，大家這才發現九把刀不只是作家，他還是個藥局之子，於是大家搶著跟藥頭拿暈車藥。

中繼站 Narok 休息吃印度餐。

只要有遊客停留的地方就有商機。

基本上今天的行程就是無論如何一定要在天黑前趕到馬賽馬拉國家公園，所以一直在拉車，
開了七個小時後，我們到了馬賽部落。

因為第一天還沒進入狀況又加上大家都很累，所以當馬賽土人跟我們勒索每人二十美金才能
進入村莊參觀時，我們這群肥羊就這樣傻傻的付了三百多美金進去看他們嘲笑我們。

看他們笑我們笑得多開心啊，你們這群台灣笨蛋們，被當凱子還這麼歡樂的笑著。

這時竟然有好幾個九把刀的當地書迷認出了刀大，並且爭先恐後的搶著要九把刀簽名，這時
我們才驚覺，原來九把刀說他要來肯亞辦簽書會是真的。

而且其中之一的書迷竟然連最新的獵命師 15 都有了，肯亞真的沒我們想像中落後啊！

就在九把刀忙著服務他的刀迷們，我們閒雜人等則是忙著當親善大使。

黃安妮跟黑犬甚至還領養了小孩。

佐嘉則是很開心的用二十美金買了獅子的假牙以及一根長得像陰囊的權杖，事後還後悔得要
命一直要轉賣給我們。

於是就在大家莫名其妙一起花了三百美金幫九把刀在馬賽村莊辦了一場簽書會後，我們繼續
往馬賽馬拉國家公園前進。

此時天色已黑，但已經能看到這裡著名的動物大遷移。

今晚我們入住 Keekorok 五星級大飯店，先讓大家好好休息一下，明天再開始露營之旅。

房間內有蚊帳，氣氛很不錯，超適合打一炮。

房間外還有專屬的小陽台。

晚餐當然就是有五星級的水準，大家都還吃得滿開心的，只是這時還沒料到接下來十天所吃
的東西都是大同小異。

飯後一起研究明天會看到的動物，大家都很期待明天能否看到獵殺 live 秀。

by 九把刀

我算是一個喜歡搭飛機的人,連飛機餐我都覺得很好吃。

不過我們搭飛機到香港,轉機到曼谷,再從曼谷飛十多個小時到肯亞首都奈洛比,沿途只能用無聊兩個字形容。

從曼谷飛往肯亞的飛機上,電影很不優,又只有很難看的「紐約愛情故事」有中文字幕,超折磨的,我只好翻閱帶去的試閱小說《林肯律師》、跟不斷偷親坐在左手邊的女孩打發時間。

坐到整個人都麻木不仁後,終於抵達奈洛比。

在通關時,我右手邊後面有一個攜家帶眷的大陸人家庭,他們不被允許通關,理由是……他們沒有攜帶那一本防疫注射證明的黃色小冊!

「你不知道要先打黃熱病的疫苗嗎?」我好奇。

「知道啊,但我們住在四川,我打電話去問過了,四川的醫院沒有黃熱病的疫苗,要到北京才有得打。」那個爸爸看起來忿忿不平:「去到北京那麼遠,我才不去打!」

「哪可能不打?」我很傻眼。

尤其他還帶了兩個不到十歲的小朋友,抵抗力很弱,不先打疫苗是想怎樣。

這次通關超久的，遠遠超過我以前在其他國家通關所有加起來的時間，
肯亞海關人員慢吞吞的做事態度正是非洲的節奏，但看在我們眼裡還真是不習慣。

不管到哪，鄉民一定要拍一張擠成一團的大合照。

肯亞的公路風景，幾乎都在這一張照片裡了。

珊珊好心地向他們解釋狀況，那爸爸一臉聽不下去。此時肯亞機場的地勤要帶他們上樓，那個爸爸很怒：「帶我們上樓，那就是想敲詐啊！我不跟他們上去！」

後來他們還是被帶走了。

半小時後，他們全家人又出現在等通關的隊伍末端，一臉快快。

我很納悶，就算他們剛剛被強制帶去打疫苗也沒什麼屁用啊，打疫苗後還要給身體足夠反應的時間，約兩個月以上才會產生完整的抗體去對抗疾病哩。

現在……算了。

反正這個世界上有種東西，叫運氣，運氣需要好膽量！

我沒那個好膽量，所以不進入那種好膽人的世界奇妙物語。

我們有兩個導遊，一個叫 Otiz，一個叫 Kaka。

因為我不打算一直切換中英文，所以我打算用「歐提斯」跟「卡卡」稱呼他們。接下來的十天，我們十六個人分乘兩台車（有時會洗牌），就由這兩個導遊開車載我們到處跑來跑去。

觀光業是肯亞的命脈，也是賺錢最方便又最穩定的行業，導遊是肥差，收入好，在很珍惜他們工作

一旦離開市區，到處都是這種大地蒼茫的空氣。

的前提下，歐提斯跟卡卡都滿照顧我們。雖然大家的英文都不錯，但跟觀光客相處久了，我想只要是導遊都很能忍受隨意用單字組成的句子，想自助旅行的不用擔心（反正我們隨書有送萬用手指圖片卡）。

肯亞有五大地理區，各自有各自的生態環境，就算是長頸鹿的品種也會因地理區的不同而長得不一樣。不知道會不會再來肯亞，所以我們打算跑足五個國家公園，預計要花不少時間在搭車。

第一天的行程頗為無聊，甚至沒有來到非洲的感覺，過程我想就交給李昆霖的流水帳處理好了，我不想寫哈哈哈。

唯一值得一提的是，我們在趕車前往第一個國家公園的路上，碰上烏雲密佈，之後還打雷、下起了細雨，整車的人都覺得很開心──竟然在傳說中異常乾旱的非洲碰上下雨，豈不是太幸運?!

後來才發現，媽的，這個地理區每天下午四點左右都會下雨，其中一場傾盆大雨還打亂了我們的船行，將我們淋成落湯雞。

話說，沿途看到很多個小型龍捲風（Sally 忍不住在一旁碎嘴強調：那是氣旋好嗎？），不禁讓我遙想起海賊王裡的克洛克達爾，他在這裡一定強到哭八。

到非洲辦簽書會，不忘拿國旗，這就是愛台灣啦！
既然要詐騙我們的觀光費，
那就要敬業地配合我的非洲簽書會啊哈哈！

窮極無聊的第一天，我在肯亞辦了一場簽書會。

對！我硬要辦的！啊我就厚臉皮啊！

我自己帶了兩本書《殺手，無與倫比的自由》跟《獵命師傳奇15》，李昆霖卻帶了一箱我的書！

吼～～～～雖然你這麼有義氣，但我還是要説你神經病！

這一場簽書會發生在馬賽族的村莊，這村莊要「每個人」都付二十塊錢美金才能參觀，明顯是敲詐。

在台灣，大家都常常跟詐騙集團在電話閒話家常，遇到這麼拙劣的土人詐騙，大家都心知肚明是怎麼一回事，卻還是乖乖付錢進去讓他們耍，我想，應該都是坐飛機加坐車，坐到腦神經衰弱。

唯一覺得付二十塊錢美金很值得的人，肯定只有我了。

雖然是詐騙集團,但唱唱跳跳還是基本要做的合約內容,我們大家剛剛來到非洲,
頭腦不清,也就降低智商一起配合詐騙集團的演出。

村落角落會販售一些他們口中的手工藝品，
但很明顯……有一半以上的東西其實是工廠
大量製造出來的塑膠玩意兒。

你看酷嫂一副不屑的嘴臉。

看到他們很熱情地將我的書拿反著看，卻還看得很專注，我就覺得自己的小說寫得好好看啊！雖然文字不通，但一股凜然的氣魄悍然跨越國界，直接衝出紙面啊！

附帶一提。
鍾權是一個非常喜歡假裝有愛心的人，他千里迢迢帶了幾個貝殼要送給肯亞小朋友，他感性地說：「我準備跟他們交流。我想，那些小朋友一定沒有看過貝殼吧！」
結果，在這個詐騙村莊擺滿手工藝品的桌上，我看到了好幾個用貝殼裝飾的……非常具有大量加工製造痕跡的爛貨。
幸好鍾權是假愛心，所以沒有受到太大的打擊。

這個馬賽詐騙村，固然很有詐騙的勇氣，但沒有詐騙的專業成本，整個村莊才幾間茅屋，感覺很冷清，進去裡面也沒放什麼生活器具（窮歸窮，但也不至於只有一張床跟一個爐吧，太蒙沱了），好像是特地為了唬爛觀光客才搭建的。我彷彿可以看到當我們離去時，一轉身，他們就爭先恐後打卡下班、開車回市中心的畫面。
無論如何，在貧瘠的肯亞發現台灣人的詐騙精神，讓我頗為感動！

[小知識]

我們如此憨厚地付了這麼多美金，當然可以在這個村莊裡拍照拍到爽，但如果在一般情況下，你要拍照，最好經過別人同意。

這不是在跟你說禮貌問題。畢竟這個世界上有很多經典的照片，都是未經同意下捕捉到生動的一瞬間，什麼都要事先經過別人同意再按快門，百分之百會錯過很多很寫實的畫面。

我在跟你說的是信仰問題。非洲還是有不少人相信，照相會奪走一個人的靈魂，如果你按下快門，等於當街殺了他！

還有一個問題，是價錢。很多人其實不怕他們的靈魂被取走，也不是覺得你未經同意就拍照很沒禮貌，而是他們想要錢，有的甚至會主動問你要不要付錢跟他拍照。

又不是脫光光的正妹，我才不想付錢咧。如果碰上對方索錢，我會笑笑當著對方的面刪除照片，也不想被這麼勒索。如果對方真的是因為尊嚴問題不想被拍，除了刪除照片，我還會加一句對不起。

接下來的幾天，有時候我想拍一些非洲寫實的人物照，可是我不想開口問，也不想給錢，我會請女孩站在鏡頭前比 YA，再按下快門，讓女孩之外的空間容納我想拍攝的非洲光景。我想這個作法還滿不具傷害性的。

他們讓我們參觀的草屋房間，良心話，非常沒有生活感啊！

第一天我們住在很爽的大飯店，老實說那不是我想像中的非洲之旅。
原本我以為我們會有一半的夜晚搭帳篷，一半的夜晚睡車上（因為要輪流用車充充相機跟手機的電），非常辛苦，辛苦到回台灣以後跟朋友說起我們克難的旅行方式，都會充滿驕傲的語氣。
「真不愧是非洲啊！」沒去的朋友一定會如此讚嘆。
但我一躺在大飯店的床上，就整個人爽了。
充滿人性的睡覺方式還是最有睡眠品質。
在舟車勞頓最激烈的第一天，我還是很慶幸有好飯店可以窩。

房間外觀有種低調奢華。

房間裡面就是很普通。

想要再吃到這種程度的豐盛大餐，已是好幾天以後了。

第二天
Day 02

by 李昆霖

時差還沒調過來，清晨四點就起來開始寫這次肯亞之旅的序。

寫到五點半的時候，聽到門外傳來喘息聲，原本以為是狒狒的交配聲，充滿期待的打開門來看，卻失望的發現只是酷哥在晨跑。

酷哥其實跟非洲的禽獸沒什麼兩樣，他每天的生活就是吃飯睡覺跟運動，除了跟我們吹噓他的體脂肪有多低以外，人生沒什麼大志向。

酷哥唯一跟非洲動物的不同點是他的生殖器官已經進化到能夠跟腳踏車交配而達到人車合一的最高境界，至於酷嫂只是他掛名的老婆。

酷哥問我要不要也一起跑步，他很驕傲的吹牛說他剛剛才嚇跑了兩隻斑馬。想想自己為了要有老闆的樣子，已經故意好幾個月沒運動了。雖然明知道酷哥的話不能當真，但聽到他這麼說好像很好玩的樣子，只好冒著失去鮪魚肚的風險，立刻穿上運動褲一起跟酷哥去跑步。

我建議酷哥也去叫九把刀起床一起晨跑，因為常聽九把刀在網頁上吹牛他很愛跑步。

沒想到九把刀竟然說他爬不起來，哼！一定是昨晚在有蚊帳的床上打炮打太累吧。

總而言之，我就跟著酷哥摸黑繞著這五星級飯店的圍牆跑了一圈後，發現自己又上當了，從頭到尾根本沒斑馬，雖然酷哥信誓旦旦說剛剛有兩隻。

不過能夠一邊跑步一邊呼吸非洲那原始新鮮的空氣其實心情還是很好的。

我們跑到有河馬的湖畔時，遇到了佐嘉、亮亮、鍾權跟阿譽他們剛好出來拍照。

我們跟佐嘉亮亮的婚紗照就是阿譽拍的，這次我們心機很重，就是故意設計騙他這個專業攝影師來參加肯亞之旅幫大家拍婚紗照。

其實不只是婚紗照，就連我跟酷哥的跑步英姿都能拍得很唯美啊，他還要求我們要定格假裝在跑步的樣子，並且同時看向遠方。

鍾權看到我們這麼做作，很不屑的譴責我們這種行為。

結果他看到我們拍出來的照片這麼好看時，他立刻叫阿譽也幫他拍一張帥氣又同時帶點憂鬱的寫真。

靠！我看到阿譽的技巧真的是怎麼拍怎麼好看，立刻衝回房間把小啦挖起來拍婚紗照。

王小啦實在是覺得這樣的照片太漂亮太做作太噁心了，她不懂為何一定要看遠方，堅持再來一張看鏡頭的比較自然。

酷哥這個學人精此時也披上他的毛主席制服跟黨主席夫人一起拍共產黨的宣傳照。

我知道我的網頁在大陸是被限制的，如果這樣還是有大陸同胞抗議的話，就說大陸人民的穿著品味近幾年來已有進步了。那酷哥酷嫂這身打扮也很適合當北韓的領導者。

早上出發去狩獵之旅前，大家先在藥頭九把刀之前集合排隊拿暈車藥。

Sally 怎麼好像是跟九把刀拿保險套的樣子啊！

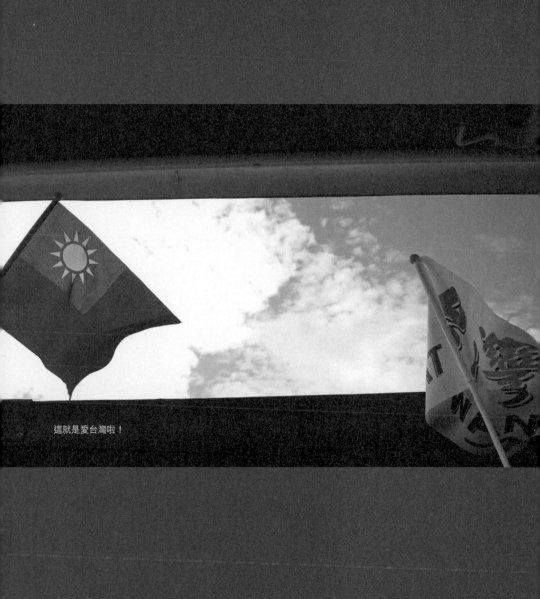

這就是愛台灣啦！

馬賽馬拉這個國家公園是動物愛好者的天堂，尤其是每年七～十月期間全部的動物都會遷移到這裡的大草原尋求更多的水源跟食物，這也是我們故意選這個時候來的原因，因為可以很輕易的看到一大群動物。尤其是斑馬的數量真的是多到爆炸。

我所帶領的這群鄉民全都是第一次來非洲，光是看到斑馬大家就興奮得站起來一直狂拍，我則是在旁微笑看著他們開心的樣子。

九把刀發現就説：「全部人就只有李昆霖坐著，你也太冷靜了吧！」

我回道：「兒女們，這就是爸爸我想要的幸福啊，我就是想帶你們來非洲跟你們分享這一切。」

「現在才只是剛開始，要是能看到獅子獵殺的 live show，那才是真的精采啊。」

靠～沒想到我只是隨便説説，竟然真的過沒十幾分鐘就那麼幸運的給我們看到全程現場的獵食秀。。

我們的司機卡卡超級有經驗，當獅子還沒開始獵殺，他光是看到獅子在玩一二三木頭人的遊戲接近斑馬時，就悄悄的跟我們説牠們正想要獵殺，於是就立刻開車卡位搶到最好的位置，這些獅子好像是他養的一樣，也很給卡卡面子，就真的在車子旁抓一隻斑馬表演給主人的客人看。

此時斑馬還在拚命掙扎發出悲鳴，但兩隻母獅已經咬住牠的喉嚨，另外兩隻逃走的斑馬夥伴則是在車子的另一旁也發出哭泣聲。

這張好像獅子們在聚賭的感覺。

這時其他的導遊司機聽到無線電的通報，也紛紛衝過來看，不過還是我們的位置最靠近，離不到十
公尺。

通常遊客都只能事後看到獅子在聚餐的照片，而我們卻能看到獵殺的全部過程，真的是非常幸運。

就連司機也說他一整年只能看到一兩次而已。

這也是我第一次看到獵殺，所以跟著忘情的叫了出來，並且還幫獅子加油幹掉斑馬。

但喊了兩句後看到斑馬哭得那麼可憐，開始覺得有點不忍。

「可是這就是大自然最真實的一面啊，如果獅子不吃斑馬的話，牠們就會餓死啊。」我們這樣的說
服自己。

所以看了一陣子後也就開始習慣這些血腥的畫面，心情也沒那麼沉重了。

我們這一團還有專門負責講解的生物老師佐嘉跟亮亮，他們說母獅負責獵殺，好吃懶做只負責幹的
公獅則是負責吃最好吃的部位。

真是好命啊。

通常獅群都只有一隻公獅，但這一群卻有兩隻，所以我們在猜牠們應該是父子或是兄弟。

可以跟自己爸爸兄弟一起上自己的媽媽姐姐跟妹妹，這才是好命又淫亂的最高境界啊。

吃飽後母獅們互舔彼此的口紅。

獅子的食物們。

看完了難得一見的精采獵殺秀後，大家的心情都 high 了起來，繼續往下個目的地前進。

通常在國家公園內是不能下車的，因為這裡的獅子實在太多了。
但黑犬實在是憋尿憋不住，所以司機找了一個看起來比較沒有獅子的地方讓他下車尿一把。看到黑犬尿尿，我們大家的尿意全都來了，這時我發起一起來尿尿的團體活動。當大家舒爽的解放時，唯獨只有佐嘉因為跟大家站在一起而太緊張尿不出來。原來是鍾權一直在看佐嘉的小鳥才害佐嘉尿不出來。我都尿完了，鍾權還在研究為什麼佐嘉的雞雞尿不出來，真的是沒有人比愛看雞雞的鍾權更適合戴斷背山的牛仔帽了。

為了紀念希斯萊傑，在這裡特地附上亞洲版的斷背山劇照。

正當大家納悶為什麼還沒看到長頸鹿時，我們的司機就立刻幫我們找到了第一隻。

斑馬的好吃部位被獅子吃得差不多時，這時人草原的清道大就飛來把剩下的垃圾吃乾淨。

擋在路中間的水牛，雖然頭髮中分得非常可笑，但卻是令人敬畏的野獸啊，連獅子都不太敢惹牠們。

今天的收穫非常的豐富，連躲在樹上的花豹都被我們看到了。我們這團因為有昆蟲達人佐嘉，所以他都會要求司機停車讓他下車挖大象的大便找糞金龜。問題是，就算把大象的糞金龜帶回家，哪裡去找大象的糞來養牠們啊？雖然我有一個很愛挖大便的朋友，但我依然很驕傲我有一個如此奇怪的朋友。

而且我很快就發現，原來我身邊喜歡玩弄大便的朋友不只是佐嘉而已，不過那是下一篇的故事了。

馬賽馬拉國家公園坐落在肯亞跟坦尚尼亞的邊界，我們中午就是去馬拉河旁的邊界吃午餐。

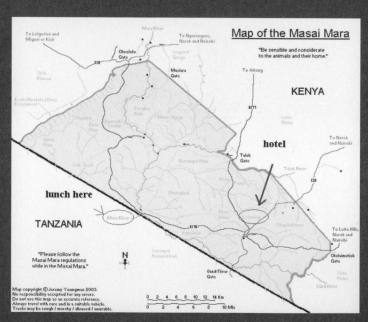

這個地標的另一邊就是坦尚尼亞。

當地的導遊帶著我們去看馬拉河裡的河馬跟鱷魚。這些河馬看起來肥肥的很可愛，但牠們的攻擊力跟領域性超強，是一群被迪士尼電影可愛化但現實生活中卻很兇猛的野獸。

這裡的導遊還滿隨便的，很青菜的就把槍借給我們大家使用。

這條馬拉河是 Discovery Channel 常常在播放動物大遷移的重要景點，不過今天沒能如此幸運看到斑馬渡河被鱷魚獵殺的畫面，所以我們一群人就玩起了自拍。

在中午野餐時我們剛好討論到要給多少小費，其實給小費也是需要一點小技巧。
身為領隊的我，是隊友們跟司機導遊溝通的橋樑。要站在雙方的立場替對方著想。

最重要的當然是希望我的隊友們每個都玩得很盡興。
但能否玩得盡興跟小費給得夠不夠有很大的關係。
因為這邊的司機導遊的主要收入來源是我們給的小費，旅行社給他們的薪水只是最低薪資，並不足夠過生活。
所以我一定要把這樣的情況跟團員們報告，他們才知道一定要另外留一筆錢是專門留給導遊的小費。
我通常都是一開始就給小費，而非旅途結束才給，然後每兩天給一次。這樣一來他們才有更多動力給我們更好的服務。
而且我還事先跟導遊打聽好他們的平均薪資是多少，像我們這麼大一團，平均每人每天應該給的小費應該是在五～二十美金之間。

其實肯亞並沒有大家想像中落後，尤其是他們的觀光業者所接觸的客戶都是來自世界各地的有錢人。
我知道這些司機的胃口都被那些有錢的歐洲美國人養大了，所以我不可能叫我的隊友們每天給二十塊的小費，但也不可能九天只給十塊小費那麼少，畢竟現在台灣人出國旅遊的人數已經遠遠少於對岸的大陸人，所以我每次出去總是覺得自己也算是在做國民外交。要是小費給得比一般行情還少的話，是會被外國人笑台灣人很小氣的。

所以跟大家溝通後，我們決定每天每人給五塊的小費，這樣九天加起來司機總共能得到大約一萬元台幣的小費，雖然不算超級多，但也算是中上的水準了。

看到滿地的大隻非洲蟻，而且被叮了超痛的。

他們是真的對歐巴馬身上流有一半的肯亞血統而感到驕傲。

為了讓大家體驗真正的非洲，露營才是王道。所以第二天我們離開了一晚三百美金的五星
級飯店，來到一晚二十美金的營區。

這群都市女生們看到營區整個臉都臭了起來……

鐵皮屋是廁所跟洗澡的地方，熱水的強度就像頭上被撒一泡尿那麼的少量，要趁天色還亮
的時候洗才不會冷。

黃安妮剛好今天月經來，真是幸運呢。

我一到營區就開始找正方型的桌子，把麻將展示給土著看。

他對我們的骰子很有興趣。

不知道是誰出的主意（好像是我吧？），問大家說要不要體驗烤新鮮的活羊，畢竟這也是
非洲體驗的一種。

所以我們就一起合買了一隻活羊宰來吃（大約六千台幣）。

阿譽還在活羊被殺前跟牠合照，這整個過程我們其實沒幾個人敢看，就連鍾權跟阿譽也是
頭撇開或是閉著眼拍照。先把皮扒開，然後再把內臟取出來，胃裡面都是還沒消化的草，
雖然生烤羊肉是我出的主意，但小啦也叫我不准看牠被殺的那一刻。

我只好心裡默默的對在天之靈的羊說：「我們一定會以尊敬感恩的心情吃光你的每一吋肉，
不會浪費你的，從此以後你就會跟我們結合在一起，我們會把你的份一起活下去。」

看到這麼可愛的羊是因為我們而死，其實心裡說不內疚是騙人的。

但看到牠變成了這麼大的肉塊時，大家心中的內疚感全飛到了千里之外啊，開始很歡樂的
玩了起來。話說回來，馬賽族的原住民還真的很會烤羊肉，即便是沒放什麼調味料，就已
經很好吃了呢。

雖然是營區，但他們也有自己的發電機，每天晚上都會供應四小時左右的電讓大家可以充電。這就是都市人對電源的依賴啊，只要一有機會就立刻充電並且把照片存進電腦裡。

其實當我聽到這個營區竟然有電源時，我心中是失望的，跟我八年前來的原始營區比起來進步了好多。

而且營區四處都還有柵欄擋住野生動物入侵，少了那麼點刺激感。

不過這樣的失落感很快的就隨著一條大便而消失，隨之取代的是永生難忘的歡樂回憶，也是這次肯亞之旅的經典事件。

話說這晚我在充完電池摸黑回帳篷睡覺時，眼尖的小啦正好在我快要踩到帳篷門口前的大便那一刻拉住我。

我不可思議的蹲下來查看這坨大便，雖然一看就知道是人類的大便，一大一小兩條很工整的排在一起，看得出來營養很均衡。

但我又不願意面對自己帳篷前竟然被別人大便的事實。於是我四處張望努力的想說服自己跟小啦說：

「這個好像是拉不拉多的大便，可是這裡沒有大型犬啊。」

「這明明就是人的大便。」小啦尖叫說。

「可是誰會無聊到想在帳篷前大便，這裡的土著不可能會做這種事啊？應該是他們養的狗或羊之類的吧？」我一邊努力的為這條拉不拉多的糞辯解，同時拿著樹枝把糞便撥到對面佐嘉的帳篷旁邊。

這時佐嘉衝過來說：

「幹！那是九把刀大的便啦，他剛剛在這裡大便被我抓包，還叫我不要說出去。」

我回想到九把刀常在他的噗浪說他很會大便，這時一切的謎團跟困惑全被解開。兇手肯定是他沒錯。

這時我不怒反笑，冷冷的對佐嘉跟黃安妮說：

「幹！九把刀的帳篷在哪裡，我要大回去。」

在黃安妮的帶路之下，我邊走邊笑的催動內力運用笑聲的振動來加速自己的腸胃蠕動，急速的讓自己全身的氣集中在股間。

一到九把刀跟小內的帳篷前，我褲子一脫立刻使勁把稀爛的屎全速噴灑在門口。

正當我要噴第二波攻擊時，九把刀從廁所衝出來拿著手電筒照著我的臉罵：

「李昆霖幹你雞巴你這賤人。」

哇哈哈哈，這時我不顧自己的肛門上還黏著沒大乾淨的屎，一邊逃離現場一邊擦屁股。

這一場可說是我軍的重要勝利，因為我用最沒品最下流的拉稀屎（也就是俗稱的「烙賽」）成功奪回了這次的主導權。並且贏得了九把刀對我的尊敬，他還以戰敗國很謙卑的姿態把我送給他的大便拍照留念。

但認識九把刀的人就知道他不輕言放棄，重點是，他不是普通的雞巴。

他立刻重振旗鼓，以很迅速的身手把這坨屎掃起來（我懷疑他是否常練這招，畢竟我的絕招不太容易清理啊）。

小內在一旁尖叫著：

「唉呦，好濕哦，怎麼辦？而且好臭喔！逼你不要再拿著它了啦。」

「我們把它倒在酷哥的帳篷好了。」九把刀科科科的回道

「可是酷嫂應該會很生氣吧，那要不然偷偷倒在佐嘉的帳篷旁邊好了。」黃安妮很賤的在旁出主意。

於是佐嘉跟亮亮就在我跟九把刀的大便旁睡了一個晚上，而且還睡得很熟，可見大家真的累壞了。

大便攻防戰還沒結束呢……你們猜，下一個受害者會是誰呢？

by 九把刀

第二天開始,就要認真看動物了!

在這裡看到的觀光客有八成都是搭這種小型遊覽巴士,頂棚可以打開,讓我們一邊吹風一邊探出頭看動物,雖然不是很屌的吉普車,但也差強人意啦。下次有錢,想換大型悍馬坐坐看。

不管坐哪一種車,為了安全,除了尿尿否則觀光客全程不能下車,以免這本書要浪費頁數紀念某人。

一開始,只要看到一匹斑馬,全車就會大叫。

看到兩匹斑馬,大家就會尖叫。

若是一群斑馬出現,所有人都會站在座椅上,激動地拿照相機往外猛拍……除了好幾年前已來過肯亞一次的李昆霖。

我們兩個小時後就知道他為何如此冷靜了。

出發囉！

一出發就看見大象，很幸運的起點。
我是屬馬的，看到馬就有一種想轟出天馬流星拳的衝動！
真的是都市土包子當久了，只要有不是人的動物出現，大家就很興奮。
忽然看見鴕鳥出現，感覺滿莫名其妙的。

這次旅行中最常聽見的一句話，就是：「我在 Discovery 看過，聽說……」

現在，Right Now，所有一切都是活生生發生在眼前，雖然沒有電視螢光幕裡的鉅細靡遺、或千奇百怪，卻珍貴太多太多。

一大群斑馬，一大群野牛，一大群牛羚，多到眼睛一直眨一直眨還是裝不下。

花錢請導遊還是很有道理的。在國家公園裡，所有的導遊都用無線電彼此通風報信，一個人知道花豹在哪一棵樹上，三十秒後方圓一公里內的小型遊覽車就全部知道。要是我們自己租車開車玩耍，目擊到珍奇動物的機會就會大減。

一大早導遊卡卡就接到同業的通風報信，說是有獅子出沒。

獅子耶！

如果認真投票，獅子絕對是所有遊客最想看到的動物首選，卡卡立刻載我們衝到一處草叢邊。我們到的時候已經有好幾台車子守在附近。

所有車將引擎熄火，屏息等待即將發生的……

「獅子在哪？」女孩東張西望。

「不知道……」我很緊張。

「在那裡！」James 拿著望遠鏡，很快就找到大家的焦點。

順著 James 的視線，所有人看了過去。

幾隻獅子，有公有母，匍匐在與人同高的草叢中，全都看著同一個方向。

卡卡說，一場獵殺即將展開。

我看著那方向，幾隻斑馬正悠閒低頭吃草，渾然不知大難臨頭。趕緊拿出相機，選定錄影模式，讀秒開始。

獅子慢慢，慢慢地靠近。

斑馬持續科科吃草（但此時我還找不到斑馬的位置）。

說真的，我心中有八成覺得這一場獵殺根本不會成功。

理由很簡單：

1. 我不覺得那些獅子的運氣有那麼好。

2. 我也不覺得我們的運氣有那麼好──畢竟這才是我們觀賞動物的第一天啊！

卡卡既然叫卡卡，自然是卡位的高手，我們的遊覽車一下子就殺到最好的位置，沒有任何一台車比我們更靠近這一場獵殺，不需要望遠鏡就可以感受到那一股極不確定的生死氣息。

彷彿要降低殺氣，其中一隻母獅獨自緩緩往前，其餘獅子按兵不動。

才一瞬間，所有附近的遊覽車都到了。

獵殺準備開始。

斑馬悠哉吃草。

獨自往前的母獅很謹慎，一點一點縮短與斑馬的距離……最後，在充滿殺氣的味道被風吹進斑馬的鼻子之前，以驚人的速度與氣勢衝出，其餘獅子跟著上。

斑馬終於驚醒，拔腿跑了幾步，其中一隻稍微墮後的斑馬便給發動強襲的母獅子撲倒，塵土飛揚。

這一撲倒，後面就是好幾隻年輕的獅子跟著上，爭先恐後將大嘴咬在那隻來不及逃走的斑馬身上。

這一幕，很多人都驚呼了起來。

接下來怵目驚心的畫面，卻遠遠比不上我們聽見的淒厲叫聲。

這一群獅子，並不是身經百戰的老練獅群，除了帶頭發動攻擊的母獅以外都是一些年輕小伙子，所以被咬倒在地的斑馬並沒有立刻被咬開脖子、很快斷氣，而是被那群經驗尚淺的獵食者慌慌張張地亂咬一通，有的咬肚子，有的咬屁股，斑馬痛得不斷嚎叫，發出極度接近「人類加狗」的哭聲。

讓人不忍的是，有兩隻逃跑成功的斑馬，並沒有逃得老遠，而是隔了十幾公尺，不近不遠地看著自己的同伴被獅群撕咬著，僥倖活下來的兩隻斑馬也發出悲痛的哭聲。

像是不捨，像是道別。

誰聽過斑馬肚破腸流地哭？

誰見過斑馬淚聲道別？

有的西方觀光客看到哭，我們之中也有人看到鼻酸，有人開始唸起佛號。

我當然也被眼前的一切震懾住了，也感到一股悲涼。

但我始終保持一股肅然起敬的感動。

這是大自然。

獅子吃掉斑馬，藉此存活綿延下去，是大自然包容下萬物繁衍的真義。

不應該用可憐來形容弱肉強食的大自然法則，
畢竟獅子無法吃素，牠們就是仰賴獵殺的技術
延續自己的物種。這就是生命。

不過，我想這一場獵殺或許沒有想像中的「自然」。

第一，在我們趕抵之前，至少有五台小型遊覽車已駐守在附近（雖然位置都沒有我們好），陸陸續續還有更多的車子抵達。人的氣味跟車子的廢氣肯定也混雜在空氣裡，擾亂了斑馬對掠食動物的判斷。

第二，車子陸陸續續趕到時，引擎熄火前終究還是有聲音，那些聲音也遮蓋住了獅子騷動草叢的沙沙聲，至少讓斑馬的警戒結界變得更窄。

以上兩點加起來，等於「觀光客間接助攻」了獅子對斑馬所發動的致命攻擊。

這群掠食者充分利用了人類的助攻,飽餐時對人類的窺視也不以為意。
這實在是很畸形的現象。

既然要吃，就要吃得徹底，才不會浪費一個生命。

世間萬物真的都有靈性，這頭斑馬寧願冒險站在附近觀看同伴被痛苦吃食，也不會立刻逃得遠遠的。
牠的目送，就是最悲傷的最後陪伴。

在獵殺的不遠處，有一群禿鷹對清理殘羹蠢蠢欲動。

矛盾啊，但這是一種強迫共生的矛盾。

很多在國家公園裡活動的動物，都已非常習慣進進出出的小型遊覽車，牠們越習慣，觀光客就越不會打擾到牠們的本能作為（你也可以說是我的幻想啦），讓我們可以以非常近距離觀賞許多動物的休養生息。

但另一方面來說，被觀光客融入的「大自然」，畢竟已經失了原本最純粹的樣貌。

你問我好不好？雖然拿著照相機獵取種種珍貴畫面的我也是共犯結構之一，但我也想說一聲不好，因為人類真的是一種最不自然的「類生物」。

不好，但這似乎是一種強迫共生。

肯亞擁有豐富的大自然動物資源，無數動物在這塊黑色大地上跑來跑去，但眾所皆知非洲人民的生活水準很低，他們為了生存下去，便很容易在金錢誘惑下盜獵動物、謀取象牙犀角獅爪等。

但如果觀光客對「一大堆動物跑來跑去的這一切」很有興趣，肯亞政府就會為了從觀光客的皮包裡掏錢出來，訂定法律禁止獵殺任何野生動物，劃定極其遼闊的國家公園疆界——用觀光客的鏡頭入侵，換取動物的長遠生存。

會搞成這樣，都是人類不好，但這也是目前我能認同的交換方式。

我屬馬，在義務上比其他人都更喜歡斑馬。

長得實在很可愛，斑馬超受車上女孩們的歡迎。

漸漸的，斑馬的出現變得很平常，就好像平常在台北看到斑馬線一樣平常。

這不是說斑馬因為太常見變得不可愛了。還是很可愛啊，只是我們不再尖叫，不再發抖，拍照時拿相機的手比較不會手震。

斑馬真的是演化上的超奇怪存在。

我一直覺得斑馬很詭異。

如同隨時存檔備份是作家的本能，保護色可說是動物界的常識。

所以獅子是黃色的，豹是黃皮加上黑色斑點，河馬是大便色，大象是風乾掉的大便色，所有的動物都為了要好好活下去勉為其難長得很樸素，唯獨斑馬——我實在不知道在馬賽馬拉國家公園這一大片草原上，一身顯眼的黑白相間是怎麼回事！

「斑馬啊……就是大自然的食用肉塊啊。」酷哥冷冷地說。

一語中的！

看到長頸鹿，每次都很感動。

牠們是動物裡的貴族，走起路來有種從容不迫、狗眼看人低的迷人氣勢。

跑起來速度快歸快，體態還是保持一貫的優雅，真是天生的神俊。

長頸鹿也有群居的特性，所以見著了一隻，意味著可以拍到一群。

每次女孩看到了長頸鹿家族，每隔十秒鐘就會把以下的句子輪流説一次：「好美喔！」「天啊真的好美喔！」「怎麼會有那麼美的動物啊！」「天啊天啊，好想跟牠們一樣，腿好細喔！」

有一次我問看長頸鹿看到發癡了的女孩，説：「如果十二生肖突然擠進長頸鹿啊？」

女孩想都不想就答：「好啊！我要我要！」

我覺得很想笑，不過也很認同地説：「如果十二生肖裡有大象的話，那我就屬大象吧，這樣我們就是一對了。」

長頸鹿長得高，除了鄙視萬物的功能，還有一個特殊作用──我們坐在車上，打開車頂唯二可以「真正合照」的動物，大概就只有大象跟長頸鹿了，所以我們都很喜歡看到很喜歡拍照的長頸鹿。

YES！

（我猜想，在最想跟什麼動物一起近距離合照選項裡，長頸鹿會奪前三！）

除了極少的例外，長頸鹿沒有天敵，除了長得高看得遠，牠們的後腳可以往後迴砸，前腳也可以比比人類出腿的姿勢往前猛踢，衝擊力絕對可以將獅子的肋骨一腳踢斷──掠食動物有別的東西可以殺，絕對不會蠢到把腦筋動到長頸鹿的腳上。

每一個國家公園裡的長頸鹿都是不同的品種，只要沒瞎，看牠們身上的斑紋色塊就能分辨差異。我個人比較喜歡深色一點的長頸鹿，感覺起來比較野性一點，有種「限量典藏版」的錯覺。

不過不管是不是限量的版本，我都沒辦法養一隻。

「牠們一定很有錢。」不斷按下快門，我感嘆。

「⋯⋯為什麼？」亮亮眼神古怪地看著我。

「因為長頸鹿教美語賺了很多錢。」我發冷。

滿車大笑起來，不過是充滿不屑的大笑。

長頸鹿很偉大，所有人都想在長頸鹿面前玩親親。

妳的眼中有我喔喔喔喔喔喔喔！

桂綸鎂站在我面前，就算我用三十萬畫素的爛手機拍，也能拍出她的氣質美。

這就是絕對的美。

除了不斷用相機獵取動物的身影，在馬賽馬拉國家公園，不管怎麼取景，也不需要用到單眼相機，

快門一按，就是明信片等級的絕佳之作。

如果不是怕嚇到獅子，我真想下車騎一隻獅子奔向落日……這一句話跟上一段好像沒有邏輯關聯。

我坐在車子裡，看著相機裡一張又一張美得人假的風景明信片，又看著窗外一幕又一幕塞滿斑馬飛

掠而去的美景，心中不禁苦澀了起來……

萬一，萬一我換了新女友，恐怕會吃女孩的醋吃到抓狂吧！

真的是隨意按下快門，就是一張明信片。

住完了貴氣的大飯店，第二天我們就住到了稍微原始一點的帳篷營區。

說是帳篷，其實裡面有床！

洗澡有熱水，讓人感動。

有熱水是因為土人燒柴，而非瓦斯，再度加分。

廁所的狀態頗糟，基本上我不在裡面尿尿，隨便找個蠻荒的角落都比較強。

但原則上我也不在裡面大便，這是後話。

這種燒熱水的方式真原始。

熱水有限,所以大家都搶著洗澡。

只要有馬桶,就是好廁所。

這個營區的晚上六點到十點有供電，十點過後營區就一片漆黑，尿尿的時候連自己的小雞雞都看不到。

第一天的半夜可以聽見鬣狗不斷嚎叫（因為地上殘留著一大灘很腥的羊血，氣味會吸引食肉動物），有點嚇人。不過鬣狗沒膽量衝進營區，又很讓人失望。

眾所皆知，我是一個重義氣的男子漢。

雖然露營區的外圍有圍欄，孬種的鬣狗就罷了，但掠食動物裡也有強者中的強者，說不定會用不可思議的姿勢跳過圍欄，摸黑進來幹掉我們。

累了一整天的大家一定很快就會睡死，然後被掠食強者幹掉，實在令人擔心。我可不想在這一本遊記的第一頁寫上「謹以本書紀念我們敬愛但很貪睡的某某某」這樣的字眼。說過了很佔頁數。

強，還有更強，更強之上還有最強！

身為一個天生就具有「霸王色霸氣」的人中王者，過去我到木柵動物園亂逛時，曾不經意地在一隻老虎前打了個噴嚏，那隻老虎當場嚇得亂大便，發出貓一般的討饒聲。據說論單打獨鬥，老虎比獅子強很多，按照同理可證的法則，獅子只要與我四目相接也會腿軟失禁。睡在區區帳篷裡，我自然不用擔心女孩跟我的安危。

BUT！

人生中最激動的就是這個 BUT！

BUT 我怎麼能無視朋友的安危呢？

我想起每一個養過狗的人都知道的「動物結界第一定律」：用屎尿宣示自己的地盤。

如果我貢獻出我極具王者氣息的大便跟尿，可以幫助朋友驅趕猛獸的話，何樂而不為呢？就怕朋友誤以為我是惡作劇，誤解我是一個很髒兼沒品的人，萬一因此吵起架來更不划算。

然而，知名的沒品胖子朱學恆曾說：「男子漢只要覺得對的事就去做，不需要他人的理解！」甘興答曰：「這～～個～～豪～～～」

毅然決然，我走到了李昆霖跟王小啦的帳篷，脫下褲子，光著屁股蹲在帳篷的門口，一邊尿尿，一邊大便。

女孩特地關掉手電筒，在一旁幫我加油。

即使我表現得很有大將之風，但她還是極為緊張，一直嚷著：「好緊張喔……好緊張喔……把逼你快一點啦！他們快回來了啦！」

我不僅大便小便，還記得用事先準備好的衛生紙擦屁股，衛生良好。

正當我穿褲子的瞬間，佐嘉跟亮亮拿著手電筒走了過來。

現場一片漆黑，女孩緊張地打開手電筒，問道：「是誰！我是小內。」

我走了過來，忍不住一直發笑，臉皮激烈震動。

「你在那裡幹嘛啊？去尿尿喔？」佐嘉隨口問。

我笑得太厲害了，無法作答，只能快步離開。

這一個短暫的手電筒光束相認，埋下了大便戰鬥的伏筆。

原本我是打算到了隔天早上，大家吃早餐的時候，再宣佈我深具義氣的壯舉，但發生了意外，佐嘉跟亮亮提前向李昆霖告狀，說大便是我幹的。

媽的。

李昆霖完全誤解了我在他帳篷門口大便的好意，竟滿腔糞怒地跑來我帳篷外面，褲子一脫，大便！

大便就算了，還邊大便邊笑。

邊笑也就算了，還笑得很淫蕩。

「幹！」我拿著手電筒大叫：「李昆霖！你這個學人精！」

「呵呵呵呵呵……」李昆霖怪笑著，持續用卑劣的括約肌收縮他的肛門。

「媽的！大家快來看！李昆霖不要太雞巴喔！」我怒了。

不只我，至少有三支手電筒同時打在李昆霖的屁股跟他的賤笑上，但李昆霖還是堅忍不拔地大便，完全無動於衷。

最後他褲子沒拉上，就以非常可恥的半蹲姿勢，醜陋地邊擦屁股倉皇逃開。

我低頭一看，幹。

媽的！是烙賽！

李昆霖烙賽的大便實在是太慘烈了，完全就像是上一秒被非洲土人肛交、巨大的老二在屁眼裡攪和蹂躪了半天──才有辦法把大便攪成那個樣子。

幹真的很臭！肉吃太多！絕對沒有每天喝蔬果 579 ！

幸好我剛剛在帳篷裡拆了電子防蚊器，那包裝是硬紙板，非常適合拿來鏟大便，於是我開始在女孩痛苦的尖叫聲：「把逼！好臭喔！怎麼那麼臭啊！李昆霖好沒品！好沒品！好臭！」中默默地鏟大便。

此時負責巡營的馬賽土人走了過來。

「……」馬賽土人瞪著地上的爆裂物。

「……」我默默地鏟著大便。

「What is it ？」馬賽土人眼睛越瞪越大。

「Human shit。」我言簡意賅。

「……」馬賽土人臉色極為不屑，指著遠方：「The toilet is there.」

顯然他誤以為我是一個不知道廁所在哪，將大便誤拉在自己門口的黃種笨蛋！

鏟好了大便，我滿腦子就想扔回去，畢竟李昆霖不是聖鬥士，同樣的招式一用再用效果還是非常驚人。於是我拿著亂七八糟的大便，毅然決然走向營區另一頭。

「把福你快點把它丟掉啦！真的好臭喔！」女孩快被熏到哭出來了，幾乎無法拿穩手電筒：「怎麼有人的大便會那麼臭啊！真的好臭好臭喔……」

等我來到李昆霖的帳篷附近，心胸狹窄的李昆霖早已站在帳篷口，慌張地大叫：「九把刀！我們和平相處！我們休戰好不好！」

我立刻將精心鏟好的大便扔在佐嘉跟亮亮的帳篷外，宣佈：「好！休戰！」

說真的，我最怕跟沒有幽默感的人相處。

但現在我才知道，我更怕一個大便能力比我沒品的人。

每個人面對自己的帳篷門口被大便，一定都存著濃烈的報復心。

那又怎樣！你又不一定有大便！

「李昆霖這個人，怎麼這麼會大便？」我回到帳篷，關掉手電筒。

「把逼……」女孩似乎在啜泣。

「怎樣？」我縮進棉被裡。

「他的大便真的好臭喔……」女孩哭著睡著了。

準備戰鬥了！

現行犯的表情。

這幾年媒體變得很不幽默，我們這幾張照片
肯定會如影隨形黏在新聞上好幾年。

這是什麼東西啊！！！

女孩快崩潰了。

鄉民蒐證的精神。

第三天
Day 03

早餐都很簡單，果醬加吐司是主食。

by 九把刀

在肯亞，只要用「safari」這個單字作結尾，就可以拿來削錢。

Walking Safari，顧名思義就是走路去探險，沒有車子防護，只有一個馬賽勇士手持長槍保護遊客（此槍非裝子彈的槍，而是整支扔出去的那一種槍），全程要走四個小時，要價每人五百先令。

Walking Safari 是自由參加的行程，不去的人可以待在營區喝下午茶、打麻將、有相當充裕的時間在別人的帳篷前大便。

人體訓練狂酷哥一直很嚮往花這一筆錢，他完全就是來非洲健身的。為了確保這一趟徒步旅行充滿了艱辛與危險，酷哥滿臉就是不想讓酷嫂跟。

這絕對不是體貼！

酷哥完全就是奢望一場讓肌肉疲累到頂點的徒步旅行，如果酷嫂有跟，那他就要照顧酷嫂，就沒辦法走得很快，就沒辦法鍛鍊到他鋼鐵一樣的肌肉。

每次看到獅子都很興奮。

「把逼,我好怕去了會死掉喔。」女孩一臉恐懼。
「那沒關係,妳就待在營區,我去就好了。」我倒是躍躍欲試。
「可是你去的話,我也想去。」女孩很猶豫。
女孩總是這樣,我做什麼,她就想跟著做什麼(除了大便)。
我們就很甜蜜啊。
「那就一起去啊,我保護妳。」我沒想很多。
「萬一獅子出現,怎麼辦⋯⋯」女孩緊張地捏著手指:「我會不會死掉?」
「放心,按照我們看到的獅子殺斑馬那一段,只有跑得最慢的斑馬會死掉。」我微笑:「所以只要有一個人跑得比妳慢,妳就沒問題啦!」
可女孩還是很害怕,很猶豫,也很怕害到我。她知道如果獅子真的出現,縱使她跑最慢,要死,也是兩個人被吃掉⋯⋯因為我絕對會陪著她,讓她不那麼害怕。
為了確保以上的狀況都不會發生,我開始我最擅長的⋯⋯

吃午餐啦！每天的午餐都滿豐盛的。今天我的演講主題是蠱惑大家一起去探險。

今天早上還是先晃去看動物，一下子就碰上長頸鹿擋路。

我很喜歡這個營區的感覺，普普通通，該有的都有，只是比較攔一點點，不文明但也不野蠻。

就是這把槍，我們全靠它了。

不管在哪裡都要手牽手。

鄉民很喜歡在國外拿國旗，因為台灣是
一個不能在自己國家裡面拿國旗的國家。

愚婦楊蕙心到此一遊。

眺望遠方是男生必備的耍帥姿勢。

「確定要去走路探險的人舉手。」我問大家。

只有寥寥幾個男生舉手。

幹,這種充滿男性荷爾蒙的隊形一定走得很衝,女孩跟著去,動作一定最慢。慢就會被吃。若僥倖不被吃,光是走得慢,我就會被大家瞪。

「我覺得喔,難得來非洲,如果只是一直坐在車上看動物,靠一定很無聊。」我笑笑地用湯匙攪著咖啡,說:「如果只有少少幾個人去,感覺也沒那麼歡樂,大家一起去啦!真的!所有人都一起去的話,一定不會那麼危險,一定很像遠足喔!」

再怎麼爛,我也是個作家,我將以上的話,變換了十種方式再說十次,最後再一次總投票,結果只剩王小啦身體不舒服不想去、而李昆霖佯稱疼老婆要陪她老不克前往。

哈哈,這就對了啊。

女生一多,我親愛的女孩被獅子撲倒的機率就大大減低啊!

女生到了一定的年紀後，
美學的觀念會與整個宇宙相反。

這頭豹殺了一隻鹿，
但一時之間不知道該怎麼處理，
只好原地守護著那頭死鹿以免被搶走。

莫名其妙越爬越高。

唯一臉色帶賽的人就只有酷哥，他想壯烈成仁的願望再度落空。

超期待這一次的走路探險，我還特地提了半桶水。
我認為我至少可以看到斑馬跟牛羚，因為這兩種動物實在太多了。可能的話我也想看到猛獸、獅子、
豹、鬣狗等。照道理說，只要我們夠團結，手牽手，一起大聲唱「心手相連」，猛獸應該不敢靠近。
我們人多，安全起見，帶我們去走路探險的馬賽勇士有兩個，不過他們全都看起來……跑得很快的
樣子。萬一不怕「心手相連」的獅子王真的出現，鬼才相信這兩個馬賽勇士會為了區區幾張鈔票就
拿著長矛會淚斷後。
大家都走得很歡樂，聽那笑聲，根本沒有人打算看到猛獸。
只是才走沒多久，一個垂直的右轉後，我就發現不大對勁。

我們越走越陡，到後來簡直就是在走山路，這種
地形要看到獅子，差不多跟在我家看到木村拓哉
一樣困難。走到後來，大家開始喘、開始懷疑是
不是又被詐騙的時候，這兩個馬賽勇士用剛毅的
表情揮舞大刀，砍樹，砍樹葉。

幹嘛？

開始表演鑽木取火。

雖然不是什麼很驚人的表演，我們這一群鄉民還
是看得津津有味。

「太麻煩了啦，我都直接燒鎂帶，立刻就有火了
啊。」酷哥嘴角露出不屑。

酷哥就是這樣，當大家住在很先進的飯店，他嚷
著要住原始的帳篷。

現在人家在表演就地取材的鑽木取火，他開始炫
耀他有打火機跟鎂帶。

非洲的鄉民表演鑽木取火。
我想他們一定認為觀光客很愛看這一招。

看完了鑽木取火，我們繼續爬山。

來非洲爬山？為什麼要來非洲爬山？我不理解。

我對走路探險的想像是，一群無知鄉民一邊唱歌一邊玩耍，走在隨時會衝出猛獸的一望無際大草原啊，一不留神還會踩到花豹的尾巴啊！

現在，怎麼會有置身南投埔里山區的錯覺呢？

倒是女孩突然想到：「對喔，會不會是佐嘉跟亮亮一直跟土人說要抓昆蟲，所以我們才會來爬山啊？」

啊幹！原來如此。害我們爬山的犯人出現了，就是張佐嘉！

莫名其妙爬起山來也就算了，接下來開始下大雨。

大家都有穿外套，或帶雨衣，楊蕙心那種黑婦竟然還帶了非常華麗的雨傘，完全跑錯棚。硬漢如我只穿了一件短 T，即使躲在樹下還是被淋得很慘。

亮亮代夫贖罪，借了一件簡便型雨衣給女孩穿，讓我放心不少。

浩浩蕩蕩。

戰犯夫婦在演噁心的戲碼。

女孩很貼心，不抱怨的女孩更稀有。

雨只要一停，大家便開始趕路，我脫下衣服擰乾了再穿，免得失溫。

雨再下，大家就迅速找樹躲雨，低著頭，個個表情悲憤不已。

「真正厲害的排汗衣跟快乾褲，就是，就算你從游泳池裡走出來，也要在一個小時之內完全被體熱蒸散掉，全乾，才是真正的快乾衣褲。」酷哥在這種雞巴時刻，還是不忘炫耀他一身昂貴的裝備。

走了三個小時，登上山頂的代價是什麼？

是看到肯亞最現代化的手機基地台電塔！

雖然山頂很漂亮，我還是覺得很蠢。

不過這也解開了一個謎團……肯亞的手機收訊，絕對比中華電信要強。

不管在多蠻荒的地區，我的手機 N97 都呈現幾乎滿格的狀態，如此之強，原來是戮力發展觀光產業的肯亞政府，每一個基地台電塔都有認真在蓋。

俗話說：「英雄不怕出身低，只恨高處不勝寒。」

身為英雄，我同樣盡到怕高的本分，只要稍微接近懸崖我就會腿軟，是真的腿軟，呼吸急促，勃起困難，所以不敢學大家站在危險的地方拍照，免得出版社要幫我發行一套「懷念九把刀精選特輯」。

那種我花不到的錢我才不要賺咧！

登頂後，心情輕鬆太多了，下山時已經可以稍微欣賞風景。

爬山爬到很生氣的楊蕙心也開始有餘力發現蜥蜴，換來佐嘉的摸摸頭。

不過剛剛下過雨，石面很滑又陡，路況更差，一不小心就會跌倒。女孩小心翼翼地與我一前一後，不要我扶她，也叫我不要看她（怎麼可能！）。她完全沒有抱怨，也沒有唉唉叫，甚至怕我感冒硬要我穿上她脫下的雨衣擋風，讓我既心疼又感激。

說真的，每個男生都可以感同身受女孩不出言抱怨的那種體貼，真的很有愛。

好不容易爬到這裡，當然還是要搞一張鄉民大合照。

爬了半天，原來是帶我們來看他們的電塔，大家都很傻眼。

遠處的那一個非洲嚮導，
站在那塊高聳的岩石上讓大家拍照了五分鐘。

我超怕高的，這個距離已經是我的極限了。

這些鄉民很喜歡拍一些假裝跟當地人很要好的假照片。

遇到一隻很可愛的小羊。　　　　這隻小羊的耳朵很髒。

下山後，所有人都是一身的濕。

我沒有帶任何東西就直接走進簡陋的浴室沖澡，早早洗完早早到餐廳休息，那裡已經趴了一批瀕臨感冒的人。幸好靠著得了急性糖尿病的王小啦，晚餐早就熱騰騰擺滿了桌，只要一喝到熱可可，我就完成人體充電，準備迎接晚上的大便攻防戰 Part 2。

自昨夜一戰後，大便界有誰不認識我們昆霖哥？

如果打不贏你的敵人，又恥於認輸，最好的辦法就是 —— 跟他並肩作戰！

晚餐過後，大部分的人都還在餐廳鬼混看白天拍的照片。我環顧四周。

「李昆霖，與其我們互大大便，不如我們一起聯手，轟炸別人。」我正色。

「好啊好啊！好啊好啊！」李昆霖又開始笑了。

現場所有人虎軀一震。

「不准在我家門口大便，我會翻臉。」佐嘉怒極反笑：「昨天你已經把李昆霖的大便丟在我家門口附近了，再一次我會拿陰囊杖打人！」

「不要！不要！」黃安妮大叫：「去弄酷哥啦！」

「黑犬，我們去你家門口大的話，你會人回來嗎？」我問，這是重要的問題。

這一系列的圖片我不想說明，畢竟我是一個與李家同相提並論的德高望重作家，不方便寫一些屎尿文謝謝。

「不會，我習慣在馬桶上大。」黑犬裝出一副文明人的嘴臉。

一副就是那種，不要大在無法還擊的貧糞老百姓家門口的故作可憐狀。

「不要啦！」真正開始害怕的黃安妮用力強調：「去大酷哥啦！」

我轉頭看著還不熟、但已被我察覺到是個愚婦了的楊蕙心，親切地微笑：「楊蕙心，如果我跟李昆霖去妳家門口大便，妳會大回來嗎？」

楊蕙心皺眉：「我會哭。」

哭個屁，我才不屑咧：「那妳會大回來嗎？」

楊蕙心的眉神經開始抽動：「我會大哭，然後去廁所……大便，然後一邊哭一邊把大便撈起來，放在你帳篷門口。」

喔！會還擊啊！

還哭著撈大便咧！聽起來很有趣啊！！！！！！

跟楊蕙心住同一個帳篷的 Sally 發現我的驚喜，表情扭曲地說：「拜託不要。」

我看著阿譽跟鍾權，又看看楊蕙心跟 Sally，嚴肅說道：「我們要行於正道，一人做事一人當，自己的事就要自己解決，不要什麼事都要牽拖別人幫忙，知道嗎？」

「知道什麼？」楊蕙心白痴地問。

「就是如果妳們沒有辦法自己大便，也不可以拜託阿譽跟鍾權來我家大便報復，那樣很沒品，很牽拖。」我諄諄教誨：「大家才剛剛認識，不要做出讓我看不起妳們的事，好嗎？」

「不要大啦！」楊蕙心大叫：「我會哭喔！」

「拜託不要。」Sally 還是一臉扭曲。

此時女孩給了我一個關鍵的白眼：「不要啦，人家是女生耶。」

女生果然幫女生。

我看了一下現場。

酷哥唯一的人生興趣是養生，酷嫂也被迫一起，兩人是最早睡覺的一對。我們現在大聲討論晚上要用大便襲擊的對象，這兩個早睡早起的人完全沒有聽到。

「幹我們去大酷哥家啦！」我精神一振：「我們聯手，在他帳篷外面用大便佈下一個結界，酷哥四點多起床跑步的時候，一定會踩到！」

「好啊，哈哈哈哈哈哈哈哈……」李昆霖還是那一種很崩潰的笑法。

「那你現在有大便嗎？」我摸著肚臍下方，揉著，感受著。

「有，隨時都馬可以。」李昆霖果然是大便界的一哥，隨時都準備好大便。

「我好像剛剛好也有一條大便，那我們走吧！」我也不能輸太多。

於是我們就在大家的狂笑聲中，走出餐廳，拿著手電筒邁向黑漆漆的帳篷區。

鍾權什麼都想拍，眼巴巴地拿著攝影機跟著。

當我們正一邊尋找酷哥家的帳篷，一邊培養便意時，我突然心生惡念……「我覺得，與其我們去大酷哥家，不如去大黃安妮跟黑犬家。」我開始亂笑：「剛剛在那裡笑酷哥酷嫂的人，都要有接受自己家被大便的雅量啦！」

「哈哈哈哈哈哈哈哈哈好啊好啊……」李昆霖也覺得這更有趣，又開始用古怪的笑聲攪動他滿肚子的大便。

「然後……然後我們不要大在帳篷門口，那樣他們一回去，手電筒一照就很容易發現，那樣比較不好玩。」我想這種怪東西最快了，繼續說：「不如我們大在帳篷的後面，那裡正對著帳篷後面的通風口，讓他們等一下一邊睡覺一邊覺得……幹怎麼那麼臭啊！明明是大在酷哥家門口，為什麼這麼遠還那麼臭！哈哈哈哈！」

「哈哈哈哈哈哈哈哈哈好啊好啊……哈哈哈哈哈哈……」

「哈哈，對了對了，等一下我們拍好後，再把影片拿去餐廳播給大家看，影片一定看不出來是誰的帳篷，黑犬跟黃安妮一定也會笑得很開心，但沒想到其實是他們家，哈哈，那樣一定更好笑！」

「哈哈哈哈哈哈哈哈哈……好啊好啊哈哈哈哈哈……」

我們樂不可支地來到黑犬跟黃安妮晚上要做愛的帳篷後，脫下褲子，蹲好。

大概是想到晚上黑犬可能一邊抽插黃安妮、一邊皺眉道：「Honey，妳是不是剛剛大便沒擦屁股，怎麼那麼臭？」李昆霖就一直沒停過他古怪的笑聲，我完全可以預見等一下地上大便的形狀。

這時，我看到昨天晚上誤會我找不到廁所亂大便的那一個馬賽勇士，他又出現在附近巡邏了，不禁非常緊張。

昨晚是誤會，今晚可是人人喊打的現行犯。

我不安地跟鍾權説：「鍾權，等一下我喊 STOP 的時候你就先不要拍，把手電筒關掉，不然那邊有個馬賽勇士看到我們大便，他會很不爽！」

一邊警戒著隨時會走過來的馬賽勇士，我才收縮肛門沒幾次，右手邊就傳來黃安妮的尖叫：「幹你媽的王八蛋……你們在做什麼！」

黃安妮這淒厲一叫，一股強大的羞恥心衝擊著我的肛門。

「幹！你們很機車耶！」黃安妮持續性地尖叫，手電筒的光衝來。

反正也催不出大便的我立刻拉起褲子，當機立斷，加入譴責李昆霖的行列。

「李昆霖，你這個沒品的人！幹嘛在別人家帳篷大便！」我大叫。

「啊啊啊啊哈哈哈哈哈哈哈哈哈哈……」李昆霖的表情越來越變態。

比起我這種智慧型的犯罪首腦，李昆霖完全就是實踐派的流氓──更可怕！

他沒有放棄。

他沒有畏縮。

他沒有……羞恥心！

「我就知道！我就知道！我就覺得不對勁才跟過來看……果然！」黃安妮氣得一直跺腳，拿著手電筒的手一直發抖，憤怒的光束照在李昆霖結實的屁股上。

比起三個沒有，李昆霖有的是大便！

而且還是排山倒海的烙賽型大便！

「媽啦，怎麼有人可以一直大這種大便。」我極為吃驚。
「很臭耶！李昆霖你幹嘛啦！」黃安妮完全崩潰了：「超沒品的！」

瞪著那一坨營養超不均衡的大便，我在心中發了一個誓。
……李昆霖這個人，真的不能惹。

by 李昆霖

昨天看到難得一見的獅子獵殺，不過今天看到獅子大家還是很興奮。

我們還是覺得獅子真的是最帥的。

這些獅子也很習慣人類的近距離觀賞，大搖大擺的從車子旁走過。

昨天把重點的動物幾乎都看完了，所以今天的行程很輕鬆。昨天是到處開車找動物，今天則是駐停在原處像 Discovery Channel 觀察花豹吃早餐的行為。

我們以為今天又走運了，可以繼昨天的獅子獵殺，能親眼看到花豹叼著早餐上樹。

我們就一邊等待一邊聊天一邊憋尿。等了又等，花豹一直沒有動靜，開始覺得好無聊，畢竟我們不是每個人都跟佐嘉亮亮一樣是發自內心的愛動物。可是又不能走，因為看到佐嘉那專注的神情就不捨得掃他的興，他篤定我們有很高的機率可以看到花豹叼獵物上樹的珍貴畫面。

佐嘉這人雖然低級下流，但講到對動物的專業那可是沒人比得過他。所以我們就這樣在車裡原地不動等了一個早上。

我無聊到開始用舌頭玩 iPhone 的遊戲

九把刀則是開始幫小內挖耳朵。

很快的，我的 iPhone 沾滿了我的口水變得很臭不好玩，而小內的耳朵也被清到快流血了。

我們只好想一些別的遊戲來打發時間，九把刀建議玩虛擬麻將。就是假裝手中有麻將，想像自己要吃什麼，聽什麼牌隨便自己發揮。於是九把刀、小內、黃安妮跟黑犬開始玩起了虛擬麻將。看到他們四人圍在一起假裝搓牌，摸牌喊碰。我就覺得這個遊戲應玩不久。

果然輪到黃安妮時她以一句天胡就被九把刀控告詐賭而收場。

「那我們來玩個遊戲好了，大家把陰莖拉出來比看誰的比較長。」九把刀總是能想出一些古怪幼稚的點子，但不知為什麼我每次覺得他的主意都超棒的，立刻點頭如搗蒜。

但小啦卻立刻把我在拉拉鍊的手按住，因為這個遊戲她根本沒有勝算。

可是我真的很想拉拉鍊啊，並不是因為我想跟大家比陰莖的大小，而是尿實在憋不住啦。

可是這裡是獅子花豹出沒的地點，根本不可能下車，也不想移動車子怕驚動到花豹，那之前的等待就會白費了。

於是我建議大家來玩尿尿在保特瓶的遊戲，以漏出最少尿液的為贏家。

「500cc 根本不夠用啦，一定會溢出來啊！」曾經在高速公路上用過此招但卻尿遍車內的黑犬說。

「所以這才是這個遊戲好玩的地方啊，就是到快滿出來的時候用意志力控制陰莖的肌肉收縮來止尿。」

十幾年前我曾經在《獨家報導》這份雜誌看到余天跟阿吉仔分享他們就是每天尿尿都是用這招把一泡尿分開尿三次，停三次，他們說這樣能提高持久力。

基本上，只要任何能增加性能力的方法，我都會立刻相信，並且毫不猶豫的去嘗試。所以直到現在我還是相信這套理論。有空還是常這樣練習來維持我跟我老婆之間的恩愛。

所以我很有把握我能贏得這場尿尿準確度比賽。

尿完後，我很驕傲的跟大家展現我那完美無缺的陰莖肌肉控制力，剛剛好停在490cc，一滴尿都沒灑出來，體內還留有大概一半的尿液。贏得了全車對我由衷的敬佩。

可是其他人沒把握能像我控制得這麼精準，所以我贏得了這個只有一人參加的比賽也沒什麼好開心的。

在等了三小時都完全沒有任何動靜後，大家的膀胱（除了我以外）都快爆炸了，佐嘉只好心不甘情不願的允許司機把車子開回營地。

下午的行程是徒步健行（Walking Safari），也是我特地跟旅行社安排的行程，因為八年前那次的徒步健行能親眼在近距離看到獅子交配是我一輩子最難忘的回憶，所以我強推大家一定要去體驗一次。我們就在午餐等飯吃的時候投票表決要去的人。

原本只有幾個男生敢去，但在我的強力推薦之下，全團十六人都被我說服了，就連我那超討厭運動的老婆也答應要去用走的看獅子。

But！人生最善變的就是這個But！

But在我們等待午餐的時候，這頓午餐遲遲沒做好，害我們空等了兩個小時，王小啦玩大老二都贏了兩百多點午餐還是沒上來。

我於是很火大的跑去跟司機發飆我們台灣人是很重視吃的民族，吃飯絕對不能等。

但我覺得司機有聽沒有懂，或許非洲人的步調就是慢慢來。

但身為領隊怎可以讓我的隊友們挨餓？!

為了不讓同樣的事情再次發生，讓他們了解準時出菜的重要性，我只好使出絕招，跟司機說我老婆是個糖尿病患者，只要沒準時吃東西就會血糖降低有生命的危險。

「你看，像現在她是靠著玩大老二的意念來讓她分心，下午她恐怕沒辦法參加健行了。」

這招果然有用，食物立刻在五分鐘後端上，並且後來的行程都還提早上菜呢。

只是委屈了我老婆，她為了把戲演好一點，必須裝病待在帳篷內無法跟大家健行。

而我身為領隊，雖然跟隊友們同生死共患難是我的使命，

但老婆才是一輩子的牽手，比起隊友們被獅子吃掉的風險，把老婆獨自一人留在營區被黑人輪姦的機率可是更高啊！於是我們只好含淚目送十四名隊友們遠走，並且祈禱其中幾人最好被獅子吃掉，那樣的話這本書肯定大賣。

事後聽說他們是去爬山而且還被淋得全身濕透並且連一隻動物都看不到，我們就很慶幸還好待在溫暖的帳篷內開開心心的打了一炮，而且根本不必出帳篷就能看到動物啦！

昨晚一直幻想九把刀會來報復，一有任何風吹草動小啦就會立刻拿起手電筒照門口驚叫：
「是誰?!九把刀你敢給我大便試看看！」
小啦鐵口直斷說九把刀一定會捲土重來，所以我們千萬不能睡著，於是我們提心吊膽搞得一整晚心神不寧，完全沒睡好。
今早要把腳踏出帳篷前的第一步還很仔細的檢查有沒有陷阱，結果找了好久卻還是找不到大便，反而內心有點失望。我覺得這麼棒的遊戲如果只玩一晚的話就太可惜了，應該要把歡樂散播給隊友們才對，於是隔天晚上我跟九把刀偷偷走出來商量要一起合作大便在其他人的帳篷。
九把刀不愧是鬼才作家，他想出了令人拍案叫絕的妙計。
他說：「我們這次去大在黃安妮跟黑犬的帳篷後面，剛好是床頭櫃的方向才不會被發現。然後再拿鍾權的影片去騙他們說我們是大在酷哥家，這樣一來就算是黃安妮他們整夜聞到我們的大便味也會以為是酷哥那邊飄過來的。」
我覺得這個主意實在是太好笑了，好笑到讓我一秒都忍不住想直接烙賽加噴尿。九把刀見到我可以連續兩晚都使出稀爛大絕招時，不禁對我的屁發出讚嘆：
「在大便界，有誰比得過昆霖哥呢！」

當我跟九把刀正在開心討論我大便的色澤跟味道時，遠處聽到黃安妮氣急敗壞的衝過來：
「幹你媽的你們這群王八蛋！」
九把刀這個不顧義氣的傢伙立刻拉起褲子，指著我說兇手只有一個，因為他還沒大出來。
而我因為拉得太徹底，肛門旁全是散花的屎塊，必須要仔細的把屁股擦乾淨才能站起身。
況且已經有了前晚大便被抓包的經驗，第二次就完全不會害羞，好整以暇的慢慢把屁股擦乾淨，並且很有公德心的還把衛生紙拿去丟。我真的是大便界的最佳模範啊！
至於我的大便……實在是因為太稀了，黃安妮跟黑犬根本不想動手清，只好就這樣閉氣睡到天亮……
P.S. 話說回來，Adidas 應該找我跟九把刀去代言一系列的大便運動廣告啊！

第四天
Day 04

by 李昆霖

早上五點天還沒亮就起床集合準備出發去坐熱氣球，因為坐熱氣球的價格很貴，
一人要四百五十美金，所以只有六人決定要去。

在這裡發生了一件被勒索的小插曲。

早上集合時，來接我們的熱氣球公司的司機跟我說臨時有人取消，所以熱氣球公
司決定給領隊我一個免費的飛行名額。

但我自己本身早已付錢，所以我立刻決定把阿譽叫起床，把這個名額給他，畢竟
他有職業優勢。

熱氣球公司的司機發現我把名額轉讓給阿譽，以為我私底下把位子賣給阿譽，竟
然跟我說他也要分一半，要兩百二十五美金。

因為要趕在日出之前開車抵達起飛地點，我怕花太多時間跟他爭執的話，他會不
讓阿譽上車，只好先答應他的勒索。

雖然九把刀也塞給我五十美金說他願意贊助部分阿譽的費用，讓我還滿感動的。但我心裡卻一直盤算要如何避開這種不必要的花費。所以當司機一邊開車一邊伸手跟我要錢時，我就用拖延戰術跟司機說等坐完後再給他。反正先坐再說。

一到起飛地點，發現其他的外國遊客都在瞪我們，因為阿譽臨時被我叫起床耽誤了一點時間，差點害大家無法在日出之前升空。

熱氣球起飛的姿勢是全員整個用平躺的姿勢升空的。

一 在肯亞互相大便的男人 — 2 men taking a squat on each other

我記得八年前第一次坐熱氣球的時候印象很深刻，這次能把同樣的感動也跟我的老婆分享，看到她那麼開心，我就覺得好幸福。

九把刀讓小內這麼感動，他們這一晚一定有做！

雖然飛行時間不到一小時，但那是一輩子的回憶啊，因為真的太美了。

接下來要降落大家都很緊張又興奮。

司馬蕙心很白痴的建議大家來擺千手觀音的合照做結尾。

九把刀一直很希望 apple 找他代言，所以他自己請鍾權幫他拍一段在非洲的上空幫 apple 代言的影片。

著地後，接下來坐車去大草原上吃香檳早餐，我是事先就知道有草原早餐這個行程，所以我就一直
幻想如果可以在這麼遼闊又充滿獅子大象的草原上打麻將的話，那一定很爽。

我為了這個梗還特地把麻將揹在身上。這就是真正的男子漢，為了一個梗而不惜亂塞一些平常人覺
得沒用的東西在行李箱內（像是十幾本九把刀的書），就算是被老婆碎碎唸也是要堅持下去。問題
是，我根本不會打麻將啊……

吃完早餐後，我跑去問熱氣球公司的白人飛行員 Mike，想跟他確認一下我到底有沒有必要再多付
一個人的費用。

小啦一直在旁叫我不要亂告狀，她不希望節外生枝惹上麻煩。但我卻覺得這整件事情一定是司機在
暗中搞鬼，我應該可以擺平他。

Mike 不解我為何要問這個問題，因為領隊的免費名額是公司給的。然後我就裝傻說：「可是那個
司機 Boniface 說那個免費名額是他跟公司爭取來的，所以我要付他一半的錢。」

Mike 說絕沒有這回事，司機不可以私底下跟領隊拿這種錢，那等於是跟公司偷錢，他說他會事後
好好跟司機談談。這樣我的目的已經達成，但還是要確保我們自身的安全，我跟 Mike 說先別罵司
機，因為我們還想平安回到營地。Mike 跟我保證司機不會對我們怎麼樣，不過我還是很擔心，因
為回程的路上可是處處能看到屍體啊。要是我們七人被丟在這種地方那這本書就真的肯定會大賣
啊。

光是阿譽幫大家拍這些照片就值回票價啦！

回程途中，司機還不知道我已經私底下跟公司告狀，明明我一直在假睡，還一直把我搖醒伸手跟我要錢。我只好繼續拖延下去，說等回到營區再給他。心想等回到營區我們就不怕他了。

一到了營區後，我態度一百八十度大轉變，跟司機說：「我是不可能給你這筆錢的，要是公司知道你收這筆錢的話，你一定會被開除。」

但我還是給了他一千先令的小費把他打發走。

坐完熱氣球後，人家離開營區往第二個國家公園 Lake Nakuru 出發，中午吃飯休息跟小啦在玩盪鞦韆時，接到了熱氣球公司總經理的電話，他們希望我能寫一份報告控告這位司機，因為他的行為等於是向公司偷錢，希望我能作證。

沒想到這件事情竟然演變到這麼嚴重，我雖然是不認同這個司機的作風，但也還沒狠心到要害他失業啊。況且我哪有空寫報告啊，當然是一口拒絕了他們如此無聊的要求。把電話掛了，繼續幫小啦推鞦韆讓阿譽拍婚紗照。
只是我們的服裝使得這一張拍起來很像菲傭在二二八公園約會的感覺……

中午到 Lake Naivasha，有一個遊湖看河馬的行程，但這個湖也未免太乾了吧！
乾到我們必須再步行十幾分鐘才能到湖的正中央去坐船。

這時天色灰暗，已接近下午四點，天空開始飄雨，又到了每天準時下雨的時間。

我問大家有沒興趣坐船遊湖，因為司機保證這裡不會下雨，就算下雨也只會下毛毛雨。猶豫的人佔了一半，這時我為了不浪費時間，做了一個很獨裁的決定，說不去的可以留在車上等我們遊湖回來，於是大家只好硬著頭皮跟著我走。

結果走到湖時下起了超級大雨，把大家全都淋得很狼狽，只好取消遊湖又走回到車上。

這時我心裡其實超內疚的，因為我一個錯誤的決定害大家淋了雨，要是有人感冒了怎麼辦。司機比我更緊張，因為是他拍胸脯跟我保證這個地方已經半年沒下雨了，所以他開車開得很快，要盡快把我們送到旅館洗熱水澡。於是一群人全身發抖的住進了這間很沒有特色的 Chester Hotel，好像後火車站那些用米召妓的二星級旅社。

我本來以為會聽到很多人抱怨被淋雨的事，沒想到我這群隊友們真的人很好。大家竟然出乎我意料之外的擁有高抗壓性。不但沒有任何責怪，還頗能接受旅行的未知數。

只是晚餐真的還滿難吃的倒是。

第五天
Day 05

by 九把刀

今天女孩有點感冒，吃了藥後大半天都呈現昏昏沉沉的狀態。

還沒吃早餐就前往全宇宙最熱鬧的火鶴聚賭中心——納庫魯湖（Lake Nakuru）。

我對鳥其實沒太大興趣，不過徐志摩說：「數大便是美。」滿有道理，上萬隻火鶴同歸於盡……喔不，同進同出的畫面真的是非常壯觀，有個外國攝影師架了一個超級大砲管在湖邊，從頭到尾沒移動過一步，拍了不曉得有沒有一千張照片。

這裡水源充足，不只有火鶴棲息，還有狒狒、野牛和犀牛。

還看到鬣狗試圖襲擊火鶴的古怪畫面。只是鬣狗的獵鳥技術太差，沒有火鶴中計，幸好地上有火鶴老死或病死的屍體，可以讓不挑食的鬣狗大快朵頤。

不挑食才能獲得均衡的營養，喜歡鬣狗的小朋友一定要記得這點喔！

（謎：有喜歡鬣狗的小朋友嗎？）

犀牛真的是一種很莊嚴的動物。

我非常喜歡犀牛，如果十二生肖有犀牛，我考慮放棄大象改屬犀牛。

中國人是全世界最容易發生勃起障礙的民族，對所有長得很雄偉的東西都認定有幫助小雞雞翹起來的功能，很帥的犀牛角也在名單之中，犀牛於是倒了大霉。愛吃犀牛角真的是非常沒品，弄得犀牛這麼雄偉的動物瀕臨絕種。

在這裡我要認真呼籲，不要再為自己軟呼呼的小雞雞找藉口了。勃起不能，就是不夠色！如果無論如何還是想翹起來，就認真吃威而鋼啊，發明威而鋼當然就是要給你吃的，難道是要給犀牛吃的嗎？

納庫魯湖這景點比較袖珍，火鶴看久了還是……火鶴，所以我們走馬看花只一個早上就結束了。反正嗑了藥的女孩精神狀態不佳，我私心早點拉車，讓女孩專心呼呼大睡才是王道。

回旅館吃早餐，收拾勉強算晾乾了的衣褲，我跟李昆霖到旅館附近的雜貨店補給了捲筒式衛生紙（身為真正專業的大便高手，確實清潔屁眼是基本的職業道德）跟好幾包回歸文明的美祿隨身包後，我們開始拉車前往沙漠地形的 Samburu 國家公園。

風景美得讓現場每一對情侶，都開始玩起親親抱抱的遊戲。

其實有點怕怕的。

中午在一間絕無特色的路邊餐廳裡用午餐。

吃完後，我帶著女孩在附近走走晃晃，想體驗一下肯亞的日常街頭。

我們的膚色跟打扮在街頭實在太顯眼（我帥就算了，但女孩實在太美了，很難不成為焦點），別說擦肩而過了，遠遠就有人一直盯著我們看，縱使這一帶都算是頗明亮接近現代化，可我們還是走得心惴惴，很怕被搶，走沒二十分鐘就很沒種地原路折回餐廳。

趕路的途中，在某間加油站停下來尿尿時，佐嘉意外在牆壁上發現一隻很漂亮的蜥蜴。佐嘉說，印度神油的成分就是從這種蜥蜴的尾巴提煉出來的，在這裡看到算是頗為難得。

那隻蜥蜴一下子就從牆上溜走，躲在附近的草叢與廢輪胎裡。佐嘉想好整以暇拍照順便從尾巴擠幾滴油塗陰莖，於是向一旁好奇觀看的小孩子出價五塊錢美金，要活捉那一隻尾巴可以拿來壯陽的蜥蜴（唉，還是一樣，動物只要一跟壯陽扯上關係，命運指數就跌停了）。

很快我們就發現這不是一個好主意。

鄉民就是鄉民。

五塊錢美金在當地是一筆小財，不只十幾個小孩，連附近的大人都聞風而來，捲起袖子跟褲管殺進加油站旁邊的草叢圍捕那隻美麗又可以壯陽的蜥蜴。有的小孩還向那一隻蜥蜴扔石頭，令身為生物老師的黃亮亮十分惱火。

幸好那一隻蜥蜴不只身懷壯陽的絕技，逃債的本事也不下豬哥亮，在眾貪婪的眼神手腳夾殺下，依舊溜得不見蹤影。

俗話說得好：「萬兩黃金容易得，一隻蜥蜴也難求。」

好詩，好詩！

拉車拉得很久，空氣越來越乾燥，連擤鼻涕也擤出血來。

逐漸進入了沙漠地形。忽然攔在路上的，是一群長頸鹿。

事出突然，整車的女生都鬼叫了起來，我還以為攔在路上的是一群強暴犯。那些女生的鬼叫實在太驚天動地，就連高貴的長頸鹿也被嚇得拔腿開跑。

鬣狗長得真的很小人，不過一對一我可以打敗牠。

腐食動物無所不在。

這裡的動物品種跟馬賽馬拉大不相同，剛剛殺出來的長頸鹿體色較深，一出場就衝向火紅的落日，相當有戲劇性，所以我比較喜歡這裡的長頸鹿。

看到小象超興奮的，光這一隻小象就讓我按了二十幾次快門。
還有這種超小型的鹿，超超超超可愛的！！
人的法則就是，要嘛強到翻，要嘛弱到爆炸，這兩種都可以很受歡迎。
這個法則同樣適用在動物上。獅子很強，自有一種從容不迫的霸氣，這種連我家純樸老實的拉布拉多都可以不小心殺掉的小鹿，真的好惹人疼喔！

大象的食量驚人。

佐嘉的打扮好像要去釣魚。

這個小城鎮隨處可以看見地平線。

為了移動到更多動物的地方，在車上的時間還真不少，我常常從窗裡往外拍，記錄沿路的異國風光。

又到了看動物時間,我們很期待看
到不一樣的動物。

斑馬一直看看看,我們會看到膩,
但長頸鹿跟大象完全不會。

這個國家公園的入口,擺明了就是
要看長頸鹿。

雖然斑馬很氾濫，但每個地方的斑馬品種也不一樣喔！

劍羚就等於是非洲大草原的周杰倫，超屌的。

劍羚超有型的，感覺就是很有才華。

這些白人比我們有錢，所以搭的車看起來比較屎。

女孩學大象很可愛，要知道，女孩可是連續畫了兩次大象圖文書的高手啊！

你很醜。 你們也很醜。所以說天生萬物啊！

我拍到劍羚模仿兔子跳躍的照片，真覺得自己很了不起，G10 的對焦反應速度也很厲害，與我的手指神經相得益彰。

雖然很多新動物爭先恐後在日落前跑出來讓我們看，但今天的重頭戲顯然不是看動物哈哈哈。這一間 Samburu Sopa Lodge 飯店超級的棒，在沙漠中住到這種好地方真的奢侈得讓人想哭。

我們都只知道要去住小木屋，沒想到是大木屋。
這一間度假村佔地遼闊，我的房門號碼是 50，從飯店大廳走到我的大木屋，不騙人，至少要走三分鐘。
這三分鐘裡沿途可以看到斑馬的大便，這種與大自然搞曖昧的感覺很棒。
大木屋的供電只有短短幾個小時，十點後一切回歸原始。
晚餐時，珊珊隨口：「為什麼只供電到十點啊？幹嘛不乾脆供電到十二點？」
我笑笑：「如果供電到十二點，我們就會問，為什麼不供電到一點。」
其實每一間大木屋裡的插座至少有四個，供電時間已足夠我們同時將筆記型電腦、手機、相機充飽電，無一缺漏。
我不喜歡偶爾到生活原始的地方旅行，就假裝得到了某種救贖或某種安慰，說一些感嘆的、假假的話，如：「大自然會讓一個人變得謙卑。」「原來我們的文明只是一種庸人自擾！」「回歸大自然，讓我有一種重生的感覺……」或許那些話的意義不假，但我就是不到那樣的境界。偶爾體驗一下現代文明無法支援生活的不便感，挺新鮮，也滿有趣，但我發自內心喜歡有電，喜歡有數位相機，喜歡有熱水，喜歡上網。
所以有電我就要充！！！！！！！！！！

晚餐很棒。

羊肉是肯亞的肉類主食之一，羊肋排像是不要錢似的堆了一大疊，超級好吃。

昨天住到的飯店爛到連哭都不想浪費時間，現在氣氛可是超棒，興致一來大家都點了額外的付費飲料喝。我想每個人在這種奢侈的氣氛下，都達到了精神高潮。

我喝著冰啤酒，Tusker 牌，這牌子好好喝，台灣不曉得買得到買不到，所以之後在肯亞若還有機會點啤酒，我一定點來喝，免得回台灣後想東想西。

前一晚由於那間二星級爛飯店提供的晚餐太難吃，大家都吃得營養不良，每個人的盤子裡都放了一塊只咬了一口就沒有再動的糌粑。那時我看到酷哥什麼東西都不拿，只吃水果，隨口問：「你幹嘛吃那麼少？」

酷哥一副養生專家的口吻：「晚餐不能吃太多啦，比較健康。」

「是喔。」我隨便應答。

「以我的新陳代謝，一個禮拜不運動的話至少胖三公斤。」

「是喔，那麼強。」我隨口。

「所以晚餐吃一點點就可以了。」酷哥接著開始講解沒人想聽的人體奧秘。

而現在，酷哥的盤子上堆的食物，疊得比他身邊的人拿的統統加起來都還高。

我瞪大眼睛：「靠咧，你不是說晚餐只要吃一點點就好了嗎？」

酷哥面不改色：「呵呵，我這個人就是沒有原則啊。」

幹，都你在講。

一群長頸鹿打卡回家。

這一頓晚飯超補的！

完全就是狼吞虎嚥啊。

每一個房間就是一頂大茅屋，從第一間走到最後
一間至少要花二十分鐘。

晚飯後，大家都到游泳池畔看星星。

除了此間飯店，方圓十里再無煙火，光害極少。

滿天都是星星，我首次看見傳說中的銀河。

通常男生跟女生約會去看星星，男生都會假裝對星座很懂，一下子說這是北斗七星、這是獵戶
座、這是牛郎織女等等，無知的女生就會覺得這個男生好懂喔好強喔、不如等會兒就來交配一
下吧。

可我真心覺得，在如此滿天星斗的盛大美景下，竟然還在那邊認星座，實在無比白痴。

而那個白痴就是──酷哥！

酷哥從星座開始解說，然後開始介紹如何用雷射光等級的手電筒攻擊敵人雙眼，完全沒有在欣
賞肯亞的星空。

物極必反。星星太擠，自然有星星會被擠到掉下來。

我們邊聊天邊看夜空，流星就一直一直掉下來給我們許願。

每個人都從中大樂透這種華而不實的願望開始許起，一直許一直許，許到後來，都覺得自己再
貪心也滿足了，流星還是一直掉，只好許一些世界和平之類不切實際的願望充充數。

看著這荒漠落日的美景，心中默默發誓，一定要賺很多錢才能這樣到處旅行啊……

我每天都會寫十幾分鐘的遊記摘要，
免得回台灣後忘了發生過哪些好玩的事。
對我來說，
遊記是很個人的事，
所以芝麻小事才是奧義喔。

雖然在沙漠中，待在大木屋裡卻感到很涼
爽，非常通風，躺在非常舒服的床上，耳
際不斷傳來沙沙沙沙的風吹聲……仔細一
看，原來屋頂與牆壁之間根本沒有完全接
上，缺點是隔音差得要命。
我非常確定當晚住在隔壁的黑犬跟黃安妮
沒有做愛！

就是這啤酒超好喝。

星空很難拍，所以我們就意會好了。

不知不覺就會很想睡覺。

by 李昆霖

九把刀雖然雞巴，但好歹也是個有觀察力的暢銷作家。他竟然還會假裝很體貼的問我這次帶團有沒有壓力？

開玩笑，我可是橫跨大便界跟自助旅行界的一哥耶，旅行對我來說就像大便一樣的輕鬆。尤其我又有一顆善解人意的心跟善於協商的精明頭腦，要是我改行當導遊帶團的話，新聞挖挖哇哪輪得到那些自以為屌的導遊上電視？

像昨晚大家被淋到全部的衣服都濕了，讓我的隊友們有患上重感冒的風險，於是我當機立斷的跟旅社要求吹風機跟洗衣機。沒想到堂堂一間這個城市裡最頂級的旅館竟然沒有吹風機，原因竟然是這裡太熱，所以當地人沒有在用吹風機！！！

我聽了覺得很不可思議，於是很豪氣的拿了一千先令（約五百台幣）給經理說，叫他們派人去多買個幾台給我的女隊友們。

沒想到經理卻以一種嘲笑的眼神看著我說：「因為很少人在買這種機器，所以吹風機很貴，至少要五千先令起跳。」

我傻眼，難不成這就是所謂的物以稀為貴？

我算了算錢包裡的錢，實在是不想花那麼多錢買一支肯亞牌的吹風機。但身為一個領隊卻無法幫我的老婆跟女隊友們要到吹風機，實在是很沒面子。於是我改變策略，抓住他們沒有提供吹風機的把柄，成功的把洗衣服的價格砍到三分之一。雖然這兩者之間完全沒有任何邏輯，但這就是以物易物的非洲啊！

我對自己聰明的頭腦不禁感到佩服，隊友們也覺得隊長我很罩。

雖然黑犬在鍾權的紀錄片中說我根本還沒社會化，我老婆也說我根本不懂什麼是分享，無法跟群眾相處，更甭談服務其他人了。不過這一團的成員可是我精選出來最好的朋友啊，所以就算他們有什麼雞毛蒜皮的小事需要我幫忙，我還是會強顏歡笑假裝很有耐心的出面解決。

中午吃飯休息時看到餐廳的黑人小孩讓小啦又開始想起了 Savi。

不過當她放下小孩後，我才跟他說肯亞的愛滋寶寶超多的，她就很緊張的看自己手上有沒有傷口被感染到血。

一直在暗戀我的黃安妮偷牽我的手，暗示要跟我們 3P 嗎？

酷嫂換了件褲子，依然還是很黨主席夫人的樣子。

這是九把刀拍的，主題是似有若無的戀情……

聽説肯亞的咖啡豆很有名，所以我們還去
另一間咖啡廳喝拿鐵跟冰咖啡。

但喝起來跟 85 度 C 差不多啊！

這對騙錢夫妻在學路邊的黑人兜售太陽眼
鏡：「Five Dollar！Only Five Dollar！」
Sally 還很疑惑的問我：「five dollar 的
後面不用加 s 嗎？」

下午終於開到了 Samburu 國家公園，
一進去就立刻看到一隻小象擋在路邊。

像是酷嫂今早跑來跟我抱怨説她的褲子被洗衣人員洗壞了，一件要兩千多台幣的 OR 登山褲要他們
賠償。

想也知道，一間連吹風機都沒有的旅社，怎麼可能賠得起這種高級的褲子。這間旅社雖然看起來很沒
有特色，但他們畢竟是當地最好的旅館，就連裡面的部門還有細分洗衣部跟餐飲部。

很快的洗衣部門的經理出面跟我解釋説他們真的沒有經費可以賠酷嫂，唯一能做的只是不算酷嫂洗
衣費。

但這樣的條件酷嫂怎麼可能接受，當場就跟洗衣部經理吵了起來。

我看這樣吵下去也不是辦法，所以我把洗衣部經理拉到一邊，説我了解他們的處境，不勉強他們賠
褲子，但希望至少可以再多送每人一份熱早餐讓大家帶上車吃。

於是洗衣部經理把餐飲部經理叫來商量，雖然他們講的非洲土話我一句也聽不懂，但看動作神情就
猜得出來洗衣的在拜託做飯的挺他一下。所以最後我把這個面子做給酷哥，跟大家説酷哥用一件酷
嫂的褲子換來了每人一頓早餐，贏得了大家的掌聲。酷哥是個愛面子的人，能用一件褲子請大家吃

經過了前一天很爛的旅社後,我們一群人
對於今晚的小木屋並沒抱著太大的期望。
沒想到非洲大神真的很給我面子,今天入
住的旅館是超五星級的 Sopa Lodge。

九把刀看到後,就立刻跟我說他以後帶
他爸媽來非洲時,就是要來住這樣的飯
店享福。

每對分配到一間小木屋。　　　　　　　　就像九把刀說的，大象跟長頸鹿是唯二
　　　　　　　　　　　　　　　　　　　最容易合照的動物啊！

飯讓他覺得很驕傲。而酷嫂是個疼老公的人，所以這件破褲事件就這樣安然度過。
而我再次為自己的專業危機處理能力而感到讚嘆不已。

在經過兩晚的露營以及一晚的爛旅社後，大家又從窮背包客重新回到有錢人的世界。雖然我個人認
為來肯亞應該要天天露營才是王道，但看到這群都市人很開心的對這麼高級的飯店讚不絕口，我很
慶幸還好有聽老婆的話。所以晚餐時小啦跟大家敬酒時，要求每個人要謝謝她，要不是她如此嬌縱，
大家是不可能住到這麼高級的飯店。

於是我站起來祝大家今晚交配快樂，因為今晚月色如此姣美，又有上萬的星星，再也沒有比這裡的
環境更適合交配了。

佐嘉今晚發高燒，九把刀教他一個快速退燒的偏方，那就是打手槍先讓身體失溫以達到退燒的效果，
然後再吃藥。不過好像佐嘉病得不輕，連手槍都打不好，隔天還是無法退燒。
然後就用生病這個爛理由而退出我接下來策劃的裸奔接力。

第六天
Day 06

by 李昆霖

對我來說，看野生動物從來不是我來肯亞的主要目的，畢竟每個遊客都能做到的事我根本不屑。況且我根本不是來這裡觀光的，我是帶著使命感而來。來這種地方就是要跟好朋友一起做一些永生難忘的壯舉才有意義。

昨晚我望著浩瀚的星空，感受到自己身為人類的渺小，不禁開始思考生命的意義。
回想起自己過去十年來所做的事總是被世俗的眼光所誤解。
那時的我沒有朋友，只能孤獨的裸奔，用一己之力嘗試喚起世人回歸原始的慾望，希望進而呼籲大家更重視野生生態的保育。
然而，事與願違，我卻被膚淺的媒體掛上遛鳥博士的封號，成為大家的笑柄。但我並不氣餒，因為我知道，天才總是孤獨的。

如今，我有了朋友。

自從第一次看到九把刀的《在甘比亞釣水鬼的男人》一書，我就知道，這個人一定能了解我！

這個人肯定會認同我的所作所為，我甚至相信，他一定願意當我的夥伴。

但如果只有我跟他的話，那我們充其量就只是兩個遛鳥的神經病，肯定會被大家唾棄。

上天總是眷顧有心做善事的人們，於是祂賜給我們更多的夥伴。

於是我們成為一群遛鳥的環保團體，從此擁有強大的影響力能呼籲世人重視非洲的自然生態。

一場驚天動地的環保傳奇即將登場！

以下看似毫無相關的事件，其實卻是我精心策劃的序曲啊。

首先，阿譽先幫鍾權拍一系列耍帥喝水卻不小心嗆到鼻子的寫真集。

鍾權是一個愛耍帥但其實更愛耍白痴的悶騷貨，他接下來還跟佐嘉合拍了一系列獵殺的劇情。

鍾權屬羊，所以他扮演正在吃草的鈴羊，而佐嘉則是個拿著陰囊棒的馬賽土著。

佐嘉跟亮亮看到阿譽有空，見獵心喜上前又麻煩他拍更多的婚紗照 again，而阿譽也很職業病的立刻拍了起來。

我跟小啦很不屑這種利用朋友的行為，但因為阿譽實在拍得很不錯，只好勉為其難的順便也拍了幾張。

因為跟我老婆的感情太好，一不小心就會忘情的接吻起來。

然後又一不小心太投入連衣服都脫了準備現場做給阿譽拍。

正當我要把小啦的衣服也掀開時，卻被老婆羞怯的推開，輕聲在耳邊告訴我：「這裡人多，等會回房間再全給你，乖！」

但此時我箭在弦上，不得不發。於是我把褲子也脫了，想要先幹樹枝來讓自己的下體冷靜一下。

開始跟原始的非洲結為一體。

歐陽蕙心看我的雞雞看得很入迷，由此可見她已經很久沒有睡男人了，看得出來很缺男人。

Sally 也是一樣缺很大（裸奔接力的照片有一半以上都是 Sally 拍的）。

此時，九把刀從他的小木屋房間探頭出來察看外頭為何有嬉鬧聲。

獵物已上鉤，科科科……一切正照著我的劇本演啊！

九把刀看到我們一群人邪邪的笑容就知道我們不懷好意，但此時要再躲回大木屋已經來不及了。

「身為一個暢銷作家，我必須扛起匡正社會風氣的重責大任。」

都聽你在屁，那平常在噗浪上發起集體打手槍活動的人是誰？

「我媽有生給我羞恥心。」

幹啊你不就污辱到我媽少生了東西給我，我媽最恨人家說她生輸別人了。為了替我媽討回公道，我要讓九把刀知道沒有羞恥心才能成大事。

「九把刀，你不覺得來非洲就是要做特別的壯舉，才對得起你的廣大刀迷嗎？」同樣也是刀迷的我講出了全世界刀迷的心聲。

號稱最照顧書迷的九把刀被我那誠懇的肺腑之言所打動，看到我那堅定的眼神，他知道今天是無法全身穿衣而退了。

「如果只有兩個人裸奔，那就只是兩個裸奔的神經病。要我裸奔可以，但要大家也一起脫光！」九把刀不死心的硬是要拉其他人下水。

這句話還滿有道理的，我同意這個遊戲要一群人一起脫光才會好玩。

我看了現場的人一眼，除了酷哥跟 James 以及他們的正直老師家眷每次一聽到我們在策劃某種壯舉，總是很明智的逃得遠遠的，現場還剩十二人。

身為發起人的我，當然要身先士卒當第一棒，況且我為了籌備這件事，還特地身穿背號一號的衣服。

九把刀說他有兩個屁，可以當第二棒。

那誰要當第三棒傳下去呢？

減肥還沒完全成功的鍾權立刻正氣浩然的說：「我有工作在身，我必須攝影。」

靠～剛剛是誰在耍白痴裝斑比被獵殺啊？

剛剛那位很威的獵殺斑比的馬賽土著此時剛好的不知躲到哪去抓蟲了……我看了現場的女生們一眼，想到通常類似這樣有意義的環保活動總是有大量的女性裸體，才會有媒體報導的價值性，進而引起全世界的注意。為了讓我們的議題被世人了解，我叫我老婆也跟著一起脫。

很色的九把刀聽到我叫小啦當第三棒，立刻熱血了起來，露出了淫穢的笑容，恨不得立刻露鳥給我老婆看。

我開始在認真懷疑鍾權的性向,他
是發自內心的很愛拍我們的裸體,
從頭到尾都是他淫蕩的笑聲。

我老婆很明顯看我的屁股看膩了,
今天現場看到其他男人的屁股笑得
好開心啊,就連她高潮時都沒這麼
開心啊……

曾經跟我一起在 TVBS 周刊的 Motel 報導中全裸入鏡的小啦是個見過大風大浪的豪放女,不過自
從生了我的種後,至今仍無法消失的妊娠紋讓她喪失了裸露的自信。雖然我每晚努力的跟她説,那
是我倆愛的見證,但她希望在九把刀面前永遠保持著玉女的形象,還是不願意把妊娠紋現給他看。
就在其他人在爭論誰應該當第三棒的時候,我早就脱光衣服準備好起跑的姿勢了。

出乎我們大家意料之外的,竟然是平常一副文明人嘴臉的黑犬願意當第三棒,只是你們二、三棒的
免洗內褲也太……免洗內褲了吧(一時之間想不出其他形容詞)。

砰！起跑！

為了讓攝影組容易拍攝，我們還要故意用慢動作跑步，才能展示出這個團體的力與美與和諧。

九把刀接到第二棒後，奮力的向前衝，而我則是在背後用意念支援他們，把我們的理念生生不息的
傳達下去。（啊話說回來～我們的理念是什麼啊？）

最後黑犬在我跟九把刀凝聚集合的氣的加持下，很自 high 的率先衝到了終點線。

YES！WE DID IT！

哇哈哈哈我終於成功說服這兩個笨蛋跟我一起裸奔了，有夥伴的感覺真好啊。此時我不禁感動得落
下兩行清湯熱淚。

因為女生們不准我們轉過頭來（呿！明明就很想看還裝矜持，真是的），於是我們只好用倒帶的方
式回到原位穿衣服。

依照慣例的一日天堂，一日地獄的行程安排。

大家都不肯面對今天要離開豪華的五星級大木屋，入住M型社會最底階露營區的事實，所以大家有志一同的決定要待在這個有錢人的地方直到最後被趕走的一刻為止。

早上裸奔完後，我們還有好幾個小時要打發，動物其實也都看膩了，所以我們一群人決定待在飯店放鬆休息發呆。

出發前我原本還想帶正方形的桌子去非洲打麻將，還好這裡的飯店有方桌，我們的麻將才能派上用場，而且我跟黃安妮還各帶一副，應該沒有別的台灣團像我們有帶兩副麻將以上的吧。

為了讓遊客更輕易的不用坐車子就能看到動物，通常這些高級飯店都會挖水池來吸引各式各樣的動物前來喝水，於是這群女人就這樣一邊打麻將一邊看驢子的老二，順便數落剛剛裸奔那三人的雞雞加起來都沒驢子的一根大。

我們不服氣的說，那是因為我們還沒使出實力，我們的膨脹係數是賽亞人等級的啊。此時，驢子走到游泳池旁，看到很熱很熱很熱的 Sally 在裡面。

這樣的膨脹係數使得剛剛裸奔的三人立刻閉起了嘴，我則是假裝睡著沒看到這一幕。

下午離開飯店後我們去參觀另一個 Samburu 部落，因為有了上一次被騙錢的經驗，這次我就跟司機說：「我們的經費有限，尤其我們還要留大量的小費給你們，所以如果又像上次要每人付二十美金的話，那我們可能就剩下沒多少錢能給你們了。」

呵呵呵～講這種話真有用，一旦關係到他們本身的利益，司機們果然很認真的幫我們殺價，於是這次就立刻變成每人只要付十美金就能進入他們的部落參觀。

看到 Sally 的比基尼，牠的老二就瞬間膨脹了三倍。

來部落參觀總是不能免俗一定要來場飆舞大賽，大家又是圍在一圈一起律動，然後就像一般夜店一樣，幾個比較有種愛現的就會跳進圓圈中央來段 solo 秀。

靠！九把刀跳那什麼蠢舞，我不能忍受有人比本大爺更出風頭，所以我連地板動作都使出來了！

這是有點類似大風吹之類的舞，當地部落稱之為蛇舞。反正就是一串人完全不在乎這裡聽說七成以上的愛滋病患者，大家歡樂的手牽著手一直繞圈，然後歌唱到最後一段時要全蹲下來，最後才蹲下的人就輸了。

但也不知道輸的人會有什麼處罰？總而言之，跳完舞後，仔細檢查自己的手上確實是沒有傷口後讓我鬆了一口氣。

尬舞尬完後，就由英文很好的族長來介紹他們的居住環境。

族長之所以會那麼年輕就當上族長就是因為他從小功課很好，尤其英文又是他的強項，所以他懂得像是生水要煮過，小孩要打預防針才不會早死之類的基本民生常識。而且他還識字，這對部落的人來說是很神奇的一件事，比鑽木取火還神奇，於是贏得了族人的愛戴。

你們可能覺得會識字沒什麼了不起的，但在這個地方，光是靠知識落差就能取得不少優勢。像我們的司機因為會講英文，所以賺的是觀光客的美金，收入就比一般平民高上很多啊。

而族長也了解知識的重要性，所以也帶我們參觀他們的小孩子正在學英文的兒歌。

Sally 是唯一有做功課的，他知道這裡的小朋友很喜歡筆，就很做作假裝很有愛心的帶了很多筆送小朋友，結果卻發生小孩打群架搶筆的暴動事件，有好幾個小孩被踐踏在地，害小啦看到哭了出來。

小啦覺得這裡的小孩很可憐，但我卻覺得這裡的小孩的皮膚狀況不錯沒有皮膚病，肚子也都平平的沒有蛔蟲，其實能接觸到外在的文明都已經不算落後了啦！

參觀完要上車回營地之前，還要通過他們所排的陣，因為這些東西我早在八年前就全買過了所以這次沒買單，只有九把刀跟小內發揮他們的愛心買了一點紀念品。

這是我個人覺得最棒的營區，最有原始的風味，帳篷就直接搭在大象居住的河床旁。

沒錯，完全沒有柵欄，就是這麼的近，近到牠們只要多跑幾步就可以把我們全部的人都踩死，這才是我想帶給大家的真正的非洲體驗啊！

酷哥跟佐嘉還吹牛說他們剛剛跑去跟大象合照，結果激怒大象被追了兩百多公尺才成功逃脫。聽到這種我沒參加到的不實報導，我只是一律當作沒有發生過。

這個河床連續的來來去去出現了十幾隻象前來取水戲水，其中也有母象帶小象。
所以我們今天下午的活動就是整個放空一直看大象。
看了好幾個小時，看到好膩啊，大象還是一直不停的來，亮亮看到都開始揉眼睛了。
於是白目的佐嘉開始跟大象玩起了一二三木頭人的遊戲，想要試看看到底能靠牠多近而不被發現。
但大象其實是種很沒有肚量，很愛記恨的動物。我們怕牠為了報復佐嘉而不小心順便踩死了全部的人，所以這個舉動立刻被大家制止。

我想，這次的非洲之旅，應該是我目前為止覺得最棒的一次旅行。
這次讓我最開心的，並不是來了非洲，而是跟最好的朋友們一起來非洲玩。就像黃安妮說的：「地點並不是重點，重點是跟對的人一起分享。」而且更難能可貴的是，每個人都能輕易找到無法出國旅遊的藉口，我們都有日常生活要面對的壓力，但大家硬是喬出時間來一起完成這趟美好的回憶。
我想，這應該會是最後一次我們能一起出遠門遊玩這麼長的時間了，接下來大家各自要開店的開店，生小孩的生小孩。所以我特別珍惜這次的旅行。興趣相投的好朋友不好找，也只有跟這些白痴搞笑的夥伴們，才能爆出這麼多有趣的火花，把平凡無聊的時間轉變成永生難忘的有趣事件。

因為這次沒遇到蛇，所以佐嘉抓蛇的獨門絕技都沒能派上用場，不過倒是抓到好幾隻蜥蜴。
廚房雖然看起來簡陋，但煮出來的東西其實跟前幾天的東西一模一樣啊！

這是我們營區吃飯跟煮東西的地方,這裡不只是有大象而已,還有大象的大便……

我、鍾權跟阿譽的人類進化史,鍾權應該是長得最像猿類的那個吧!

這裡面少了九把刀跟小內……這兩個下流的小情侶也未免太沉不住氣了吧，
太陽還沒完全下山就去開帳篷了。

九把刀跟小內又現身了，看得出九把刀此時心情很好。

晚餐雖然不難吃，但就是跟前六天的菜色一模一樣，一模一樣……不過至少我們都沒吃壞肚子那才
是重點啊！

其實我本來是想提議既然住在這麼原始的營區，那就應該玩原始又低級的遊戲才對。我覺得在帳篷
外互相偷聽其他情侶做愛的聲音還不夠下流，應該是玩遊戲輸的人要被處罰錄下他們那一組做愛的
聲音給大家聽。

亮亮跟佐嘉一聽到就説：「有種你就先做啊！」

他們不知道我其實早在第一天晚上就佈局好了，早用 iPhone 3GS 的錄音功能錄好了。而且那
一晚我還很故意的一邊做一邊喊很大聲説：「我有沒有像獅子一樣猛，有沒有像大象一樣壯，有沒
有像獵豹一樣快？」幾乎把 Big 5 的動物都派上場了。正當我得意的要把 iPhone 拿出來把這段
錄音檔示範給大家聽，讓他們知道誰才是真正的下流之王時，小啦才驚覺她那晚被我擺了一道（因
為那一晚我一直拿著手機很不對勁），立刻用兇狠的眼光射向我，威脅我敢放看看。

唉～～那段精采搞笑的錄音檔就這樣無法跟我的好友們分享了……

既然無法跟好友們分享錄音檔，那只好跟司機們分享那天早上的裸奔影片。

他們一開始看得很開心，然後就沉默了下來，開始很認真的盯著螢幕，用他們的土話喃喃自語。我
猜他們應該是在問彼此：「啊這三個人的雞雞到底在哪裡啊，怎麼都只看到黑黑的一截。」

晚上首播鍾導的紀錄片「我們」，這根本就是民進黨的紀錄片啊！不過還好最後還有一些國民黨員
的加入把立場拉回來了一點。

不過從頭到尾就是把我跟 Savi 拍得像國父跟國父的爸爸一樣啊！

by 九把刀

每一天的早上，都是看動物的黃金時刻。
為了不辜負學校老師、李家同、張大春對我的殷殷期待，我決定要將旅遊中得到的小
故事大啟發分享給大家。

小鹿斑比，其實我覺得是一種很沒特色的動物。
所以我們不能把耍可愛當飯吃，時間會淘汰沒有真正內涵的假貨。

長頸鹿百看不厭，猶如神獸，是一種很有遠見的動物。
這告訴我們高度決定態度，無法長得高，也要曉得站得高！

我們都是大象的粉絲。

大象在吃東西的時候，都笑咪咪的，好憨厚喔！可一旦怒起來大象絕對是超級殺手，獅子只要被牠的鼻子掃到就會摔倒，萬一被牠的大腳直接踩到，肚子就會大爆炸。
所以真正的高手都是扮豬吃老虎，深藏不露的風範。

如果可以看到長頸鹿、大象、犀牛、劍羚，動物素食界四大天王同時聚在一起打麻將，不知道該有多好。

駝羚我覺得很平庸，對我來說，駝羚等於是草原界的一片歌手。
所以我們做人要有自己的特色，不上不下反而是最危險的狀態。

禿鷹飛起來很美，在地上吃屍體的樣子就醜了。
不過飛翔僅僅是一種炫技，無法填飽肚子，吃屍體貌似可恥，卻能綿延生命。
所以我們做人要腳踏實地，一步一腳印，寧可負天下人，不教天下人負我。

這是長頸羚,牠站起來吃樹葉是Samburu的招牌景色。　　　這是鴕鳥。

長頸羚在站起來之前,只是一隻脖子比別人長的羚羊,除此平凡無奇。

但長頸羚為了生存下去奮力站起後,就是一隻充滿生命力的羚羊,熱情洋溢。

所以我們做人要力求突破,不斷精進,尋求生命的突破口。

在台灣的夜市就可以吃到鴕鳥,我等於是看到一隻雞走在路上。我本來不想拍,但顧及到鴕鳥的自尊心,還是假意拿起相機按了幾下快門交際一下。

所以我們做人要有骨氣,不能任人宰割,否則走到哪裡都抬不起頭。

這是阿卡夏的斷枝。　　　　　　　　　　這是疣豬。

這是阿卡夏的斷枝，是非洲最常見的植物。簡單說就是荊棘一類的東西。

刺到會流血，即便沒刺到也有懾人之效。

所以我們做人要懂得適時隱藏鋒芒，否則容易傷害別人而不自知。

疣豬，因為卡通獅子王聲名大噪。我承認那種蠢樣是有點可愛。所以女孩蠢歸蠢，只要可愛，依然
范特西。

那隻疣豬是在 Samburu Sopa Lodge 飯店的餐廳看到的，飯店弄了一個水池，時不時吸引很多動
物過來喝水，算是作弊。

除了疣豬，還可以一邊吃早餐一邊看斑馬、看水牛、看我叫不出名字的鳥。

從大木屋房間後面的陽台看出去，是一片曠野。不過，我看到的卻是險惡的人心！

路人皆知，九把刀我是一個很歡樂的人。雖然明知道到了肯亞，很可能會被處心積慮想裸奔的李昆霖拉去裸奔，But……

人生最堅持的就是這個 But！

But 我還是沒有虛偽地進行減肥、健身、濫用提肛的技巧鍛鍊屁股的肌肉。因為我最看不起那種假裝很喜歡裸奔，實際上只是想展示肌肉的人！！！

對！！！就是李昆霖！！！！！

當李昆霖在陽台後面向我假意熱情招手，一邊將他自己一身橫練的肌肉展現出來時，我感覺不妙，很不妙很不妙。

這一段很不妙的過程，我不想贅述。唯一我想強調的是，看我脫光光那麼肥，就知道我是真心喜歡裸奔。

真心真心的喜歡擁抱大自然啊！

看完動物，吃過早餐，幹也裸奔了，我們回到房間收拾行李，check out 後便在度假村裡自由活動。我滿喜歡這一段悠閒的時光。

不需要顛簸拉車，徹底放空，打一百個呵欠再上路。

王小啦、黃安妮、黃亮亮跟楊蕙心四個愚婦開始打麻將，我躺坐在沙發上看小説（回台灣時蘋果日報要採訪我讀後感，不看就受訪，乃大可恥！），其他人在幹什麼我就不關心了。都長這麼大了，不需要我事事操心，是吧？

Sally 一副就是很熱的樣子。

「九把刀，我好熱。」

「嗯。」

「我真的好熱，好熱，真的好熱……」

「嗯。」

我開始暗暗後悔，為什麼我要帶女孩來肯亞玩呢？不然俠義如我、專業如我、擁有大量荷爾蒙如我立刻就可以手腳並用幫 Sally 解決身體過熱的問題！！！！

Sally 因為真的太熱了，只好穿上很有心機的比基尼跳下泳池，用比較不自然的方式解熱。好心的女孩則拿著 Sally 的單眼相機，幫 Sally 拍起色色的個人寫真。

退房的時候，悲劇發生。

為了晾乾前天淋雨半毀的鞋子，女孩的 NIKE 跑鞋反而忘了收在行李中，匆匆趕回房間，卻什麼也沒發現，這意味著從這一刻起，女孩就只有很赤貧的涼鞋可以穿！

不過重新回到 50 號房還是有好處的，我發現先前我忘了將手電筒帶走，好險，不然晚上可就要用不斷接吻發出閃光才有辦法看清楚路。

失望走出房間，回到飯店大廳的路上……

「答應我，如果有機會買到可以穿的鞋子，我們立刻買一雙好不好？」我感到很不對，尤其我穿的是很耐穿的 GORE-TEX 材質鞋，怎能坐視女孩只有涼鞋可穿。

「唉呦，不必啦。」女孩完全不覺得怎樣。

「我出錢啊，拜託，我們在肯亞還有五天要過耶，妳卻只有一雙涼鞋？」

「又不會怎樣。」

「那就當作我無聊，總之只要有鞋子可以買，就先買下來，妳不喜歡不穿也沒關係，但總是有個保障。」我拜託：「我們等一下要去露營耶，那裡……」

「我就說沒關係了啊，我穿這雙涼鞋可以啊！」女孩開始不高興。

此時！

恰恰正是此時！女孩嬌喘了一聲，倒臥在我的懷裡。

「把逼，好痛喔！」女孩的五官全都扭在一起。

「怎樣！」我大驚，難道是女孩對我的愛滿到瀕臨負荷的極限？!

「我的腳，踩到……踩到……」女孩快哭了，抬起腳掌。

「冷靜，是……」原來不是愛太多，我不禁微感失望：「是一個刺刺的植物種子。阿卡夏？總之不要緊張，我幫妳拔出來。」

「不要！不要！」女孩堅持不讓我拔，一跛一跛走回飯店大廳。

我乃藥局之子，立刻從背包變出紅藥水與 OK 絆，好心但已經沒有穿比基尼子的 Sally 幫女孩將植物種子拔起，迅速處理好傷口。

我們在做傷口處理的時候，飯店的服務生一直瞪著我的紅藥水棒猛瞧，彷彿看到了很猛的東西。

離開的時候那一個服務生用戀戀不捨的語氣，問我：「What is it？」

這時其他人早已坐上車，焦急地在等我們，趕著將女孩攙扶起來的我，反射地回答：「Is it good to drink？你喝看看嘛（台語）。」

開了一個冷玩笑，卻忘了留紅藥水棒給他玩。

離開很低調奢華的 Samburu Sopa Lodge，依照一日天堂一日地獄的準繩，我們進駐非常原始的不知名露營區。

多原始？

沒圖沒真相，我們的帳篷後面就是乾涸的河床，大象三不五時就在那裡散步。

俗話說：「有挑戰的地方，就有九把刀。有人的營區，就有猴子。」

這裡也有一些猴子還是狒狒之類的尾巴怪物，無所不用其極偷取人的食物，還練就拉拉鍊摸進帳篷偷餅乾吃的技術，有的還會偷用觀光客的電腦上網，害觀光客回國時要面對驚人的國際網路漫遊費。

猴子我在管的啊，在二水服替代役的時候，還常常帶記者去拍台灣獼猴。

我只輕輕咳嗽了一下，營區大概有一百多隻猴子從四面八方衝了過來，趕緊列隊歡迎我，讓同行的大家感到非常不可思議。

合久必分。

下午我們分成兩團，一團去看比較原始的部落，一團留守營區。

有鑑於我們不想再被詐騙，李昆霖跟歐提斯講得很清楚，我們不要看專門搞給觀光客看的詐騙村，我們想到貨真價實的肯亞人部落參觀。

雖然還是要給錢，不過這次只花了勉強合理的十塊錢美金，拜訪的部落也實在多了，跟我們講話的酋長，也明顯像個真正的酋長，而不是只會拿書給我簽。

貧窮是常態。

很多人看到很窮困的人的生活，會感到難受或悲傷，但我不會。

不是我冷血，我的血比大多數人都還炎熱。我不為貧窮感到悲傷，因為貧窮本身並不可憐，常常那只是另一種生活形式，他們需要的尊重，比你想給的同情還要多很多。

所以我當然可以很歡樂地參觀他們村落裡的一切。

雖然我很高興看到這些人過著安貧樂道的生活，玩著簡陋的玩具，穿著陳舊的衣褲等等，但不表示我不覺得需要給予幫助。

富裕的現代社會有文明的千瘡百孔，貧困的世界當然也有一大堆麻煩，比如因貧窮所帶來的疾病，因貧窮帶來的飢寒，因貧窮帶來的知識不足。有錢的人，當然有責任幫助貧窮的人解決這些問題！

很多人都會發誓，將來如果有賺錢，就會幫助需要幫助的人。但等賺到了錢就會改口說，現在賺到的錢還不夠實現夢想，等將來賺到更多的錢，一定要回饋社會。幹我不想變成那種咖小，所以我每個月都固定捐幾千塊錢給世界展望會。

話說，有時候我們只是在投胎的時候運氣比別人好，投到一個沒有戰亂的時代，出生在富裕的社會。光是沒有投胎到北韓我的人生已確定是正增長子，要是以我的驚人資質投胎到肯亞，我很懷疑我要怎麼成為故事之王。

我在部落裡看到一堆小朋友在學英文，有點感動。女孩本來就很喜歡小孩子，她看到這麼多搖頭晃腦唱英文版兩隻老虎的小朋友，一直嚷著好可愛喔。

Sally 是今天的英雄，早做足功課的她一個貝殼都沒帶，反而拎了一大包原子筆跟餅乾，分送給那些小朋友。小朋友又叫又跳搶著要命，還搶到哭哭。

對了，在這裡宣傳一下。不曉得確切原因，但只要是筆，在非洲都非常受歡迎，尤其是那種有彈簧裝置的原子筆，拿來送非洲土人都很嗨，也可以拿來以物易物，換一些對方覺得是爛木頭但我們卻當成寶貝的紀念品。

有點好笑的是，該部落的土人，興致高昂地要我們看他們表演鑽木取火。

一開始我們直覺地說：「Oh, we have seen it.」那些土人立刻露出很震驚很挫敗的表情。不忍他們傷心，於是我們只好蹲在地上再看一次鑽木取火，還喔喔喔喔的熱烈鼓掌助興。

合理推論，在肯亞如果想考在地導遊一職，或是有什麼觀光業特考，「鑽木取火」肯定是萬年基本題。

女孩跟我在這裡買了一個木頭小象，跟一個水牛角挖成的、意義不明的東西（疑似水壺，但姑且不論它看起來髒髒的，我懷疑這種容量可以裝多少水）。

這是我在肯亞買的第一件東西。

其實一開始我只拿了那個木頭小象，女孩看上的。

對方是一個大嬸，開價一千先令。

身為一個鐵錚錚的男子漢，我不喜歡別人跟我講價，所以我也不習慣跟別人講價。但在肯亞，買東西不講價會被當盤仔。我最恨被當盤仔，所以還是勉為其難殺了一下價錢。以下是我的成交邏輯。

「一個一千先令，太貴。」我立刻拿了一個看起來頗怪的水牛角水壺，湊在木頭小象旁邊說：「兩個五百。」

大嬸頗有深意地微笑：「兩個一千五百。」

我將水牛角放回原位，搖頭說：「那我只要原來這一個，三百。」

大嬸將我的水牛角重新拿起，說：「兩個一千。」

「兩個，六百。」我科科科。

「兩個，八百。」大嬸科科科。

「兩個七百先令的話，我立刻付錢不講價。」我認真，還是科科科。

最後就以兩個七百先令成交，合台幣約三百五十元。

據說我們去原住民部落喬裝大善人的時候，留在營區的酷哥跟佐嘉與大象玩起了驚險的追逐戰。那種我沒有參與到的東西，我一律當作不存在。

這個營區很棒，我一直克制我的王者氣息，免得動物不敢親近，於是我們帳篷後面的河床一直有動物走來走去，不過主要還是以大象為主。

浴廁的狀態不佳，我依然只認可它的洗澡功能，排泄方面我還是用比較豪邁的作風解決。女孩則跟我完全相反，她沒洗澡，卻願意在裡面大小便。

比起昨晚在飯店看到的星空，這裡看到的夜空更是一點光害也沒有，即使強者如我，坐在河邊，在滿天星星擁擠的籠罩下，也不禁毫無創意地感到宇宙之大，萬物之美，人類小雞雞的渺小。

非常神奇的是，大多數時候，我們看到流星一尖叫：「流星！」後就錯過許願的黃金時刻。但那晚女孩、Sally、阿響跟我一起看到一顆動作遲緩的大流星，緩緩劃下天際，我大叫：「嘿！流星！」之後還來得及看著它閃爍的尾巴許願，真的很扯！

沒想到流星竟也有被我看膩的時候。女孩跟我離開河邊，走到野戰餐廳跟大家一起看導演鍾權拍的台灣加油隊紀錄片「我們」（附帶一提，新版十五吋的 MacBook Pro 的電力真強悍啊）。女孩還看到哭哭，我想這比鍾權聽到的任何誇獎都還貨真價實吧！

影片結束後，大家花了很多時間在討論認同問題，簡直像一場小型研討會。雖然大家的政治
立場不見得一樣，但氣氛很熱烈，我想這個晚上應該也是此行大家最難忘的台灣之夜。
我覺得，力求面面俱到、立場公正的紀錄片不僅不可能存在，同時也是虛偽的。導演在記錄
某些事件的過程中逐漸受到影響、進而建立自己的觀點，本來就是很正常的事，而導演的觀
點又影響到影片的剪輯──亦即最後呈現的方式。
有觀點，才有靈魂，才有能力觸發更多的討論。

我發現自己還滿喜歡睡帳篷的。
不要小看非洲大陸的日夜溫差，不蓋被子睡覺一定會感冒。

隔天佐嘉說，他在阿響的帳篷外抓到一隻小蠍子，蠍子的尾巴鉗子比螯螯還要粗肥，這是很
毒的特徵。導遊歐提斯說，那種小蠍子螫到人必須快速送醫，不然會有生命危險。
也就是說，那天晚上大家都死裡逃生了？？？

第七天
Day 07

藍天加上草原，非洲有一種廣大的美。

by 黃安妮

橫越赤道

早上，在大象河岸醒來。

昨晚並沒有睡得很好，大概是這邊真的太原始了，心裡難免有點怕怕的。二來我們的帳篷就在張佐嘉和酷哥的中間，我很怕大象要報仇，認錯踩偏了。再加上前一晚，張佐嘉一直說，地上有很多蠍子，晚上又感覺帳篷好像有人在撥，我整個睡得很不安穩。

原定早上舉辦的大象河裸體大隊接力，因為實力相差太過懸殊而作罷。

其實大象河營地真的是我覺得最好的一個露營場地，第一它的動線我覺得很不錯，上廁所、洗澡的設備也都有；第二，旁邊就有非常貼近大自然的感覺，唯一的缺點，大概就是北半球真的好熱，下午的時候，帳篷裡全是熱氣，但是偶有微風徐來，其實也不至於熱到發慌。

告別了大象河，今天，要從北半球來到南半球。

這麼大的草原，要是雨水多一點的話，想必是一片
富饒的土地。

車子快速的行駛在柏油路上，可以有這樣的道路
走，很幸福。

路邊看到有類似溫室的地方，問了司機，原來是種花的，而這些花卉大多提供外銷。

這樣的衝突，還滿有趣的。外面是乾涸的黃土，卻蓋了需要水源的溫室來種花。

雖然非洲的柏油路，一鋪就是平整的一條，感覺可以全力衝刺，不會有突出的人手孔的道路，但是
路上常可以看到崗哨在臨檢，地上偶爾也會有緩衝坡或是騎馬釘之類的設備，所以開車也要很小心。

司機說，臨檢和緩衝坡是為了讓非洲的公車開慢一點，因為一台公車常常一次就載了很多人或超載
之類的。

過了幾小時，經過了赤道的標誌，當然要下來拍個照。

赤道，印象中應該就是很熱，可能站個一分鐘，就會融化的那一種，事實上，卻是還滿舒服的天氣。

崗哨臨檢

非洲好像很難可以看到帥哥或美女？！

赤道也要來個大合照～

當攝影師真是命苦，所以阿譽
常常有這種性感的拍照姿勢。

從這張照片可以知道誰最常奴
役灰姑娘阿譽，就是鍾權啊！

北半球這幾天比南半球熱多了，我記得要出發前，查了奈洛比的天氣，才十四度左右，把大家想像中非洲很熱很熱的印象都給推翻了。出門前完全不知道該怎麼帶衣服，十四度耶，在台灣是很冷的。可是非洲耶，應該很熱吧。還好還帶了幾件短袖的，不然真的會熱死。我家的 T 恤也是什麼不多，台灣加油隊的最多，哈哈哈。

下車前，司機請隊長告訴大家，這裡的東西很貴，不值得買。隊長一直很懷念他當年來肯亞，可以以物易物的時光，所以一直很想把他身上的台灣加油隊衣拿去跟非洲人換點什麼，沒多久就用台灣加油隊衣服再加一些先令，換了一個還滿可愛的小地球儀，雖然不加衣服應該也是那個價格，但開心就好。

在這同時，其他人都靜靜的在地球的中心線，享受午後的寧靜。

張先其實生病得很嚴重，張先和我、楊護士，這幾天以等比速率拚命的消耗九把刀和其他人身上的感冒藥、腸胃藥。

這對愛侶無時無刻都可以創造兩人的小世界。

黑犬和楊護士，樹下談心。

其實赤道這邊，有一個很經典的實驗，所以當地人一直拉著我們問我們要不要花錢看看。偏偏我們這團，博士碩士佔了二分之一強，求知慾卻很低落。赤道界牌下面擺著的水桶，就是實驗的道具。

回到台灣，楊護士馬上就估狗一團凱子求知慾旺盛的影片，還寫了字幕，真的是灰熊的認真。

另外，這個休息站也有小小的郵便所，不知道從這邊寄出的明信片會不會加註是從赤道寄出，不過大家看土產的看土產，納涼的納涼，上車睡覺、下車尿尿～反正網路無國界，什麼都可以估狗得到。

上樹是公主，下樹是女王

離開赤道繼續前進，今天晚上要住的是李昆霖大力推薦，聽說一晚要四百美金的樹屋。從昨天的沙漠地形，白天熱到要穿短袖，漸漸的往南開，卻開始飄起細雨，而且天氣明顯的變冷了許多。

不多久，抵達樹屋的接待中心。
原以為這裡就是 Treetops Hotel，想來有可能是並沒有真的要住樹上，搞不好只是原木造景，就說是樹屋。結果一問之下，原來這裡只是接待中心而已。
接待中心有個重要的任務，聽說因為樹屋的結構關係，所以只能帶小行李上去，所有的旅客一律在這邊整理出要帶的隨身行李後，將大行李寄放在這邊，再搭乘飯店提供的接駁車進去。

樹屋的迎賓果汁很好喝，酸甜酸甜，但酸味很夠勁！
一直強調果汁實在是因為第一天飯店喝到的漂白水口味的果汁太SHOCK 了！！
趁著隊長在幫大家做 Check in 動作時，大家可以先把行李拿到地下室的空間去整理。
畢竟，已經玩了好幾天的臭酸行李箱，要怎麼挖出一天份的衣物及需要的用具，AND 還要小心不要讓隊友看到自己髒亂的行李箱內容，實在是需要高超的生活智慧王能力才能解決。例如：當我看到歐陽蕙心一直在她的行李箱「撈」衣服時，有大抽一口氣，感覺我

自己其實還算是個整齊清潔樸素的好女孩兒（撥劉海）。

樹屋接待中心的地下室很大，主要是廁所和淋浴間，很妙，不知道為什麼會有淋浴間？! 有可能是因為大部分的背包客都住條件比較不好的露營還是什麼的，所以難得開下去要住樹屋，可以好好的洗個澡之類的吧。而且浴室居然還有浴缸，好妙！

放好行李以後，我們先在接待處用餐，用完餐再搭接駁車到旅館。往樹屋的路上，因為在海拔兩千公尺的高山上，沿途有茶樹／咖啡樹，氣溫也偏低，感覺很像是來到南投鹿谷或是埔里。

地下室的牆壁上，掛著樹屋最有名的佳話照片。

樹屋飯店外，還有柵欄圍住，不是搭乘接駁車的進不去。
我們到達時，還看到一群像是肯亞旅館管理學校的學生正要離開。

聽到樹屋的第一印象，就是湯姆歷險記裡面，或是很多美國電影裡面都會在樹上搭建的樹屋。一棵一棵的種成一排，然後大家揹著行李上樹之類的，如果半夜做什麼激烈運動，搞不好樹還會狂搖～～我還偷偷想說，到時候要目色好一點，先搶一棵看起來堅固一點的樹。

結果原來是用很多樹建起來的旅館。全館共四十八間客房和兩間套房，大多數的房間須共用衛浴設備。每層有兩男兩女公共浴廁。而且超級難訂，還好我們本來預定去年成行，所以早早就訂好了。
一下車，一位飯店的經理之類的吧，就請我們把行李放著，由侍者將我們的行李拿到房間去。他則帶領我們稍微介紹一下周邊。

最初由定居肯亞的英國軍官為狩獵和觀賞動物於一九三二年在兩棵無花果樹上蓋成的樹屋。可惜原建築已在一九五四年一次大火中被燒燬，一九五七年在原址的對面建起了現在的樹屋旅館。

餐廳真的超美的，餐點是採自助式的 Buffet，除了酒精飲料和可樂是要另外收費。

而樹頂旅館之所以聞名世界，卻是因為一段歷史故事而起：
從一九五一年起喬治六世的健康狀況每況愈下，伊麗莎白開始代替父親出席在公開場合中。一九五三年，還是公主的伊麗莎白和丈夫菲利浦到當時英國殖民統治下的肯亞訪問，下榻在 Aberdare 國家

終於到達了有名的樹屋旅館。

公園的樹頂旅館觀賞野生動物。二月五日晚上，她突然接到父王喬治六世駕崩的消息，英國王室當即宣佈伊麗莎白公主繼位。翌日清晨，伊麗莎白飛回倫敦登基，一九五三年六月二日，她正式加冕成為英國女王。

這段「上樹是公主，下樹是女王（went up a princess and came down a Queen）」的傳奇故事被刻成碑文立在旅館的頂層平台上，供人拍照留念，樹頂也從此成為肯亞最著名的旅館，當地流傳著這樣的說法：樹頂旅館可能改變你一生的命運。

是說，英國也太沒挑戰性了，要是在台灣的三立或民視，肯定可以再來個一百集的鳩佔鵲巢或是五百集的王子復仇記吧……

從遠處眺望樹屋，最上層是眺望台。地表周圍用通電的鐵絲網將動物圍起來。

本來以為可以再來次真正的 Walking Safari，雞同鴨講之後，原來他建議的是問我們要不要自費去坐觀賞車，像之前那樣在國家公園裡面繞行找動物。大致問了有哪些動物以後，大家都興趣缺缺，而且價格也不便宜。

把飯店經理打槍以後，我們回到樹屋旅館，回房間休息。

除了頂樓的眺望台外，二樓也有可以觀賞動物的觀賞台。半夜有很多外國人裹著棉被、拿著望遠鏡在這邊整夜的等待。

正午的時候，下面是一群疣豬在洗澎澎。飯店會故意在這邊倒水或是撒鹽，吸引動物過來。

三樓的休息室，除了室外的觀賞空間，也可以坐在室內觀賞，唯一的缺點就是，侍者會每十分鐘來問你一次，要不要點一杯飲料。

每一間房間都有一個小開口，可以方便直接在房間觀賞動物，但是因為房間方位的關係，很多開口只是意思性；像隊長房間的 View 就不錯，可惜門口出去就是盥洗間，其實也滿吵的。我們的房間看出去只是樓下，這一區除非動物想要準備爬上來，不然應該看不到什麼鳥。

房間很簡單也很舒適，浴室廁所都是共用的，男女分開。一層樓的兩邊各有一間浴室和廁所。

床邊提供盥洗用具和飯店資料／明信片等。電源插座都在走廊上，因為隊長說，明天是露營，沒有可以充電的，所以今天是最後一次充電機會，沒多久，就看到插座旁邊，又一串電源插座葡萄出現，九把刀更強，直接把 Apple NB 就直接裝上去充電了。

今天洗澡搶輸了，居然被歐陽蕙心和 Sally 搶先，還好有兩間，所以我也算是保持我肯亞旅遊期間，單間浴室都搶在前兩名洗澡的名單中（驕傲）！！！！！

樹屋上的開羅會議

出發前某次的聚餐，確認昆霖和小啦的婚紗攝影師阿譽會去以後，我們便開始召開「第一次善盡其用阿譽就上手」會議。

之前去馬爾地夫蜜月的時候，我有自己買過一套婚紗帶去拍，所以大家也覺得，如果帶套小禮服去肯亞，想像在草原中，華麗的禮服加上原始的氛圍，該是多麼美麗的畫面啊！

因此第二天李昆霖馬上 mail 給參加的隊員們：「（前略）……我還沒講完，我忘了說我們有一個集體結交的梗，那就是男人要帶西裝打領帶，女人要穿晚禮服（白色婚紗更佳），大家要在那邊穿一整天的正式服裝，然後晚上集體結婚（聽起來好淫亂的感覺）。」大家可以忽略 A 級的字句，因為我們真的沒有這樣討論，但經過某些人的大腦，就會流出不一樣顏色的東西，請習以為常。

出發的前一天，九把刀還很不放心的打電話給李昆霖說，真的要帶西裝嗎？會不會到時候只有他帶，就太糗了……說真的，出發那麼多天，總覺得好像有東西沒帶到，行李箱已經滿到不能滿了，黑犬本來想把他結婚的西裝也帶上，但是你知道，這團什麼不多，賤人最多，我們也很怕到時候我們是很糗的那一對，但又很怕沒跟到，到時候他還是很糗的那一對，所以最後只好儘量在輕便下，帶了混搭的服裝。

一到非洲，忽冷忽熱而且每天舟車勞頓的生活，完全沒人想把禮服這件事提出來，後來亮亮建議，聽說樹屋很美，而且這天沒什麼行程，我們可以在這時候穿。這個 idea 真的是很讚，一來樹屋的風景很美，的確很合適；二來，樹屋真的……挺無聊的，對於早就在第一天看到獅子獵殺，而且已經看了好幾天動物的我們，靜靜的坐在瞭望台，默默的等待動物的來臨，已經一點誘因都沒有了。所以建議如果要去肯亞，樹屋可以安排在前面幾天，保證就算只是一隻狗，大家都會狂叫，自我感覺超級良好。

大家一到樹屋洗澡後，就看到李昆霖穿著他的中山裝晃來晃去，整個不能說台，應該說，詭異到了極點。聽說這是他十幾年前在澳洲時，穿去 iBall 的禮服（而且歐陽蕙心一聽他說他在 iBall 因為露鳥導致被驅逐出場，馬上感恩自己不是跟他同一年代，不用目睹這件事情）。問題是這個款式，吼，真的不是筆墨可以形容。

黑犬帶了襯衫和領帶，怕只有這樣感覺沒特色，可是他那件 Strellson 的西裝外套太厚，摺了他會心痛，加上他又猶豫要不要帶西裝褲，這樣的話還要配上皮鞋……（下略一千句 AB 魔羯的內心戲），所以最後帶了之前在 Uniqlo 買的休閒外套，再加上牛仔褲，應該會 OK。但結果是……歐陽蕙心說：「哇哈哈哈，就算那件是 PRADA 我也會說你像大陸人啦！！」

至於佐嘉，我只能說，誰會買黃色的西裝外套啊？？？？？

趁著人家還在換裝的同時，李昆霖拿著 NB 先到三樓的交誼廳，先點了杯飲料開始打肯亞遊記。

大廳裡的外國遊客看到我們的服裝，整個皺眉，連一對帶著小孩來的大陸夫妻，整個表情就是「這些是台灣來的沒知識的鄉下人嗎？？？」

李昆霖的中山裝跟侍者一起合照，感覺就像是……領班啊！！！！！

我穿的是結婚時買的三件式小禮服中的短洋裝，但是就算我墊了兩個水餃墊，胸前還是跟非洲的草原一樣空曠……

黃亮亮就只會露奶，所以我這次有狠狠的從她胸部打下去，嗯，響亮的「啪」一聲，應該是真的……

拍完幾張照片，因為當初把小禮服修得比較緊，加上有些人還在變裝，不知道要等到何時，所以我決定回去換輕鬆的小洋裝。就在我換裝完畢回到交誼廳時，沒帶禮服的 Sally 和歐陽蕙心問我，可否跟我借那件小洋裝。

回到臥室試穿，超級骨感的 Sally，雖然一直說腿太細真的很困擾，讓我們有想要把她丟去餵獅子的衝動，但小洋裝沒問題的拉鍊直接拉了起來，而且裡面再穿個一件衣服都沒問題。

又返回交誼廳時，黑犬問歐陽蕙心：「怎麼不是妳穿？？」

我說：「因為她有穿長褲去套，所以會拉不起來」

歐陽蕙心對我投以感激的眼光說：「黃安妮妳真是好人」

黑犬正色的說：「那件比較緊，所以妳要把長褲脫掉再套啊……」

「黃安妮已經給我台階下了，你為什麼要一直問一直問一直問？？！！！！！保安～～～～」

阿譽穿的是很有個人風格,雖然算是偷吃步,西裝 look OK!

開羅會議三巨頭……九把刀堅持邱吉爾當時因為獵命師寫不出來,有抱頭思考了一番。

Sally 穿上我的小禮服,配上彩色披肩也很美,唯一的缺點就是胸前跟我一樣空曠,哈哈哈哈哈哈。每一對排列組合拍照後,大家開始搞笑。

就在這時,樹屋後方的土坡,下來了一群大象,應該是來喝水的,因為樹屋前的小水塘,有喝不完的水。大象也會跟小狗一樣,在挖洞,龐大的身軀挖著洞,很難不又激動的大喊「好可愛喔~」大家湊在窗邊看大象,看了一會兒又開始無聊起來,加上還不能吃晚餐,所以決定來玩最簡單又不用花腦袋的抽鬼牌。因為忘了帶「愛的小手」,所以臨時去跟小內借了眼線筆,輸的要畫臉。

大家笑到肚子痛,才想到肚子好餓……終於餐廳準備好了,所有的人到餐廳用餐。

各種尺寸的大象一應俱全,應該是家族旅遊~

天庭飽滿的歐陽蕙心，怎樣都不會輸，最後心地善良的她，自願讓我們畫臉以消心頭之恨，真是一個善良的好女孩兒啊～

老公，你不是說不管我變成怎樣，都是你心愛的老婆嗎？？？

大象站在水池旁邊，一大管一大管的喝著水。

餐廳採對號入座，由侍者上菜。主菜、湯品都有三、四種選擇，會在一開始先詢問後才一一上菜。
飲料都是要另外付費的，所以大家點了可樂和啤酒。
今天還滿多住房客人的，所以餐廳也是高朋滿座。

用完餐，時間已經有點晚，大家都有點不勝睡意，紛紛就寢了。
樹屋的房間還有一個特色，當晚值夜的人，如果發現有動物出現時，會透過房內的蜂鳴器提醒住房的客人，一聲代表鬣狗、兩聲代表花豹、三聲代表犀牛、四聲代表大象。所以牆壁上有個按鈕，你如果開啟，晚上蜂鳴器就會提醒你起來看動物。
就在剛就寢的時候，蜂鳴器傳來四聲的低音。我想說大象，今天才看得快吐了，還要衝出去看嗎？
結果九把刀從房前經過說，是一隻大象在喝水，而且應該是我們這幾天看過的大象裡面最大隻的了。
衝著最大隻三個字，我和黑犬馬上衝下去，果然看到很大隻的大象，站在水池旁邊，正一大管一大管的喝著水。
就這樣五分鐘、十分鐘過去了，牠還在喝，喝到我都想提醒牠不要再喝小心水中毒了，牠還在喝……
看完大象，超睏的回到房間，幾乎是沾到床就睡著了，就在不知道多久，突然兩聲蜂鳴又響起，我從床上彈起來……把蜂鳴開關關掉……
除非有龍從天上飛下來，今晚請別再吵我了！！

by 李昆霖

出發前，我跟隊友們灌輸了一個很過氣的觀念，那就是把台灣的垃圾拿去肯亞就會被當成寶一樣看待，所以我帶了一些台灣加油隊的衣服、一副麻將跟帥氣的中山裝，準備拿來跟土著交換紀念品。

所以當我的手下們嘲笑我帶那些笨重的行李時（包括十幾本九把刀的書），我心裡就OS：「哼！到時你們看到我換一大堆紀念品時，可別怪我當初沒提醒你們。」

在經過赤道商店街時，我終於有機會表演以物易物的絕活。一個很有眼光的店家看到我身上台灣加油隊的衣服就跟我說他想用紀念品跟我交換。哇哈哈哈！我什麼沒有，就是台灣加油隊的衣服最多！

於是我當下豪爽的跟他一起去店裡挑選紀念品。

But！！
他說他希望除了衣服以外，我能補貼一些
金額給他。
於是最後我把身上的衣服脫給他，再給他
三百五十先令，買下了這個小地球儀。

正當我開心的跟大家炫耀我只花了
三百五十先令跟加油衣就能買到這麼有質
感的紀念品，大家讚嘆著原來肯亞真的是
一個能以物易物的落後國家時，這時酷嫂
也興沖沖的從店裡跑出來說：「另一個店
家說不用脫衣服，一樣的東西可以賣她
三百五十先令！」
靠～～原來從頭到尾以物易物只是個幌
子，我還是買太貴了。
不過還好我本來就正愁著沒機會脫衣服，
反正我擁有的台灣加油隊衣服的數量可是
世界紀錄保持人啊！

女孩暈車到快崩潰了。

by 九把刀

原本早上又有一個大家一起裸奔的臨時節慶，但車程滿趕的，只得作罷。

這一天要衝到此趟旅行中我期望值最高的「樹屋」，一直在拚命拉車，拉到女孩嚴重暈車，悶悶不樂，即使好不容易到了傳說中的赤道，女孩還是以蝸牛的姿勢勉強行動。

赤道是一個很無聊的景點，不過鄉民總是很容易藉由大合照打發時間。

話說這裡有一些商家在推銷我們買「來赤道到此一遊」的證書，一張要價還不便宜。

我覺得超好笑，究竟有誰會白爛到花錢買這種又沒辦法拿去推薦甄試大學、也沒辦法拿去應徵工作、拿給朋友看也無法達到炫耀目的的鳥證書啊？？？

以下……

「請問你有什麼證照嗎？」負責面試的人力主管問。

「……有，我有到過赤道。」你害羞地拿出這一張證書。

有一點點錄取的微弱可能嗎！！！！！

女孩吃得很開心，暈車不藥而癒。

終於到了「上樹前公主，下樹後女王」的樹屋（Treetops Hotel）。這個只要 Google 就能得知的典故我猜李昆霖還是會寫一下。

在正式住進樹屋之前，我們在頗奢豪的飯店庭園用午餐。

午餐的內容沒話說的棒，用餐的地方非常有英式殖民地的感覺，鳥語花香，有很多白人美女坐在附近吃東西，感覺很假也很貴氣。這裡的水果明顯是整趟旅行中最新鮮的，很可口。

只是很怪，明明當時覺得午餐很棒很好吃，又有我最愛喝的熱巧克力無限續杯，但現在寫回憶卻覺得當時吃什麼其實一點也不重要。比較常常想起的，反而是在簡陋營區吃的粗製濫造食物。人，就是賤啊！

樹屋飯店因為結構負重的關係（其實我覺得是上山巴士塞不下，更不想有遊客藉此偷偷棄屍樹上），不能帶太大件的行李上去。所以我們得將很聳的行李箱留在招待所，只能帶背包上去。

我超喜歡樹屋！

女孩最中意的是藏在沙漠中的 Samburu Sopa Lodge 飯店，而樹屋則是我在這一趟旅行中最喜愛的住所。

樹屋非常涼爽，很溫馨，很樸素，卻又應有盡有，連結現代文明的插座當然也不例外。床軟軟的，所以可以讓該硬的地方悍然硬起來。

不管是冷水或熱水，洗起來都有一種黏黏的觸感，疑似碳酸泉的水質？

為了確保花四百美金入住的冤大頭遊客可以看到「最基本數量的動物」，飯店挖了一個人工大水池吸引各式各樣的動物前來喝水，地上還撒了大把大把的鹽，提供動物以極不自然的方式補充鹽分（人類有時候還真親切啊！）。

終於來到最後的豪華高潮！英女王樹屋！
樹屋的造型很特別，低調奢華的極致啊！

真開心大象是一種愛成群結黨的動物，看到牠們笑咪咪趕來喝水吃鹽，女孩也看得笑咪咪。其中有一隻小象像跟屁蟲黏著母象，不停地伸出鼻子猛吸媽媽的奶，母象走到哪小象就吸到哪，真的是太太太可愛了。

這一天我們很白痴地穿正式服裝，因為此趟豪華鄉民行還包括了專業婚紗！
其實我覺得在露營區穿西裝比較好玩，但大家既然決定要在高雅的樹屋上拍婚紗，我也是從善如流的高手。
在台灣我幾乎不穿襯衫的，不管是去演講還是參加朋友的婚禮，Ｔ恤是我最理想的男子漢本色。西裝外套就更別提了，身上這一套還是有一次應邀去頒獎特地買的，可頒獎典禮當天天氣太熱，我懶得穿去，首次穿它竟然是在肯亞。
穿不習慣，但自戀也是我的強項！
西方白人看到我們一群東方人穿西裝，不約而同以觀賞犀牛的眼神打量我們。我在倒咖啡時與一個白髮老女人擦肩而過時，她像是尿剛滴完、身體哆嗦了一下，脫口而出：「……My God……」
老實說我覺得很丟臉，不過一群人一起丟臉，自有一種管你去死的颯然帥氣。

婚紗行程結束，大家鳥獸散。

幾個女生玩牌，進行著輸的人要被眉筆亂畫臉的三八遊戲。

女孩跟我在看這幾天陸續傳到電腦裡的照片。

Sally 投靠來我們這裡聊天。Sally 很耐聊，是個單眼相機型的女孩，她的碩士論文是在探討動物園存在的必要性，這一次來肯亞也帶著點研究性質……貪玩旅行的藉口！

風景好，視野佳，有正妹，加上悠閒的時光……還少了點什麼？對，是床是飲料。我點了一杯看起來很漂亮的雞尾酒助興，一杯要六塊美金，有點小貴。

李昆霖那傢伙又開始把握時間偷寫書。

他真的很天真，以為提早在肯亞就開工寫遊記是一種很戰鬥的精神，試圖給我壓力，殊不知後來我在回台灣的飛機上打開筆記型電腦，只三個小時就攻掉他在肯亞所寫的所有字數。

不過勤能補拙也是國父的精神，值得敬佩！

晚餐終於不是自助，而是真正高級的「好好坐著吃飯」。

吃著好東西的大家非常開心，我當然又點了 Tusker 怪牌啤酒。

李昆霖以接受商業周刊採訪的口吻聊著他的租書店鴻圖大計，我則分享了我到香港跟大作家黃易吃飯的有趣經歷。鍾權則在桌子底下一直踢阿譽的腳，我很替阿譽的肛門擔心。

睡前看到一隻超級巨大的大象，獨自默默前來吸水。

牠這一吸，斷斷續續至少吸了一個小時，除了一隻不長眼的大水牛，其他的動物如羚羊跟疣豬等都只敢在附近徘徊，不敢過去跟大象一起喝水。

雖然公象一成年就會被驅逐出象群，是很平常的自然法則，但我看著牠龐大的身軀，怎麼看，都覺得這一隻超級大象好孤單落寞。

晚上，貼心的飯店還為想看動物喝水的遊客提供動物鬧鈴服務。

只要按下牆上的紅色開關，動物來的時候，飯店就會響鈴通知──響一聲是鬣狗，響兩聲是花豹，三聲是犀牛，四聲是大象。

如果鈴聲一直響一直響沒有間斷那就是失火了，大家一起成佛吧。

我想，今天晚上每一對情侶都非常幸福且疲倦地睡著了。

球鞋是一串一串串起來賣，這種收納方式也算是「生活智慧王」嗎？哈哈哈。

第八天
Day 08

by 黃安妮

在肯亞的第八天，我們是在飯店人員大嗓門的 Morning Call 中醒來。

Treetops Hotel 真的是一個很妙的旅館。

比方說，飯店內只提供晚餐，早餐和中餐都要搭接駁車去山下的接待中心用餐。而且因為要配合接駁車的時間，全飯店的旅客，請「統一」在早上六點起床，由於房間內沒有電話，所以 Morning Call 就由飯店全體員工，拿著搖鈴，一層一層的大嗓門的叫大家起床。

稍微梳洗過後，可以先到餐廳飲用早晨的咖啡、茶，趁最後的時間拍照，就拿著行李搭上接駁車下山了。

飯店養的孔雀，在飯店外走來走
去，一點都不怕生。

早晨的水氣還沒散，飯店外的樹林籠罩在一層薄霧中，若
有似無，配上冰涼的空氣，雖然早起，卻覺得很有精神。

又回到接待中心用早餐，雖然沒有中式早餐（如果有稀飯
＋麵筋，我應該會當場哭出來，然後通通打包），但歐式
早餐的樣式也很多。

吃飽喝足，把昨天寄放的大件行李領取後，大家又坐上車，
朝最後一個國家公園前進。司機說，這個國家公園是在吉
力馬札羅山，號稱大象的故鄉，所以應該可以看到大象雄
兵之類的奇景。

像肯亞的鷹架，是歪七扭八的原
木樹幹。

沿路當然還有各式各樣的風土人情。像肯亞的鷹架，是歪
七扭八的原木樹幹，真擔心他們的房子蓋出來會不會也歪
歪的。

晚上又是露營，其實還滿想去逛逛當地的市集，讓張大廚
來親自挑選食材掌廚。

經過了市集，這邊的女生穿的衣
服比起之前看到的民族服裝顯得
時尚多了。

中途，因為我們想上廁所，所以請歐提斯找看看有沒有可
以上廁所的地方。他選了一個加油站，讓我們去上廁所，
結果就在這邊，讓我們整個有被肯亞人嚇到。

話說我們左看右看，找不到 Toilet 的指示牌，後來問了一
個加油站的人，他指示我們進去鐵門裡面有廁所。走進鐵
門後，有三間隔間，兩間鎖著，沒鎖的廁所門一打開，看
到的感覺比較像浴室，沒有洞也沒有馬桶。靠牆的地面有
一條凹槽。不清楚到底這個神奇的空間到底是怎樣的使用
法，所以又走出去問，對方才拿著鑰匙開了第二間，果然
有個洞。

當地的市集。

但這個廁所的味道，真的是我在肯亞上過，有排上前幾名的臭。因為想上的人很多，請店員可不可以再打開第三間，加快上廁所的速度，結果店員一副用一間就好的表情，大家只好依序進去解放。

我先上完，禮讓女士優先還在等的九把刀問隊長，需不需要給小費（因為幫我們開門的店員，從頭到尾都站在鐵門旁看著我們）。隊長說，給他們五先令就好了，因為我們來肯亞那麼多天，上廁所沒遇到要付小費的，更何況這個廁所還真的滿臭的。

沒想到過了一會兒，上完廁所已經回到車上的我們，看到小內慌張的從廁所衝出來撂人，「怎麼辦？他們說要錢，不然不讓我們出來！」我們趕緊請司機過去處理，歐提斯和店員爭執了許久，過不久，店員打哈哈的過來跟我們說抱歉；事後又問歐提斯，他說他為自己國家的人做出這種勒索感到抱歉，上廁所，尤其加油站並不是這位店員的私有財產，的確不應該收費。（但我們從他們的對談中，感覺上廁所的錢，應該是歐提斯幫我們付掉了。）

同一時間，張先也經歷另外一場驚魂。

加油站的對面是一個市集，沒有要上廁所的張先，就去逛逛，結果看到有在賣花的小販。張先問小販，一朵玫瑰是多少錢。小販開價十五先令。張先點頭，走去廁所問我們有沒有多的先令，因為已經最後一天，大家手上大多剩美金和一些先令的銅板。終於他湊到二十先令又走回去市集要買花，就在張先準備付錢時，賣花小販的同事，站了過來說：「玫瑰一朵是三塊美金！！」

我只能說，他欺負錯人了，張先馬上用英文跟他說：「請不要欺負觀光客，剛剛你明明說是十五先令，要不要，一句話。」

結束了兩場驚魂，我們繼續出發。誰知道一波未平一波又起。

往前走沒多久，一直等不到卡卡的車，所以歐提斯把車停在路邊，用無線電和手機聯絡卡卡。原來另一台車，好像是水箱沒水還是怎樣的，又繞去加水才能繼續前進。

車停在路邊等待的同時，路邊有五、六個國小年紀的小男孩在路邊嬉戲。

我看著窗外在嬉戲的他們，帶頭的不知道說了什麼話，全部的人都對著我訕笑。

我緩緩的從口袋拿出早上蔣宋蕙心送我的糖果，打開來一顆、一顆、一顆的吃給他們看。

所有的小男孩馬上停止笑聲，猛盯著我瞧。切～跟我鬥還太嫩！！！

好吧，惡魔當完了，當然要當天使姐姐。所以我對他們招手，小朋友馬上蜂擁而至，我把整盒拿給看似裡面的頭兒，讓他拿去分。一群小朋友拿著糖，接受老大的分配。

又過了一會兒，另外一台車來了，想不到才一起前進了幾公尺，卡卡緊急來電，另外一台車大冒煙。

根據蔣宋蕙心的轉述：

「司機回來了，要再度發動車子，咦！又發不動，然後我聞到燒焦味（本人坐在副駕駛座），再定睛一看，媽哩！！冒煙啦！！！！由於本人是一遇到驚慌馬上腦袋一片空白無法思考只能待在原地

（對！就是電視上演的，跟男朋友吵架衝到路上看到對面來車，結果也不會閃，只會看著車頭燈尖叫，然後害男朋友飛身撲過來救被車撞死的那種女生）。我無助的看著司機，語無倫次的説：「It's smoking！The smoke！The smoke！」還好我們司機身經百戰，立刻叫我們：「Get out！Get out！」然後我們就趕快逃出來。

修車需要一段時間，所以臨時決定就在附近的小吃店吃中餐。
雖然這家餐廳的餐，意外居然跟以前的食物一模一樣一模一樣一模一樣一模一樣一模一樣⋯⋯！
但可樂出奇的便宜，更妙的是，隔壁的雜貨店居然有賣超大瓶的玻璃瓶可樂和雪碧。

吃完飯，隊長告訴大家，接下來的路況，應該是這幾天裡面最差的，所以那些小腦沒長好的人，最好趕快吃暈車藥。但是因為藥頭九把刀的暈車藥，老早就被小腦缺乏聯誼會的會長歐陽蕙心、會員Sally 和我啃食完畢，一問之下，餐廳的旁邊居然有間小小的藥局。隊長進去一問，有在賣暈車藥，價格也很合裡，所以買了一大排，還買到藥局的老闆趕緊衝去別間補貨。
吃了暈車藥安心上路，走著走著一直還沒有看到隊長説的千載難逢的爛路，原來是隊長的資料八年沒 Update，柏油路已經在八年之間，又延長了好幾公里。

不多久，來到了賽倫蓋提國家公園，司機下車辦理入園的手續，園外有當地的族人拿著手工藝品對我們推銷。
隊長一直難忘八年前以物易物的回憶，拿出麻將牌想跟他換項鍊。
九把刀也拿出柯家藥局的藥包，找到一包全新的折斷就可以擦優碘的優碘棒想跟他換。
意外的優碘棒獲得的反應還比較熱烈，對方問：「Chinese medicine？」所以中藥名聲真的還滿響亮的。

遠遠的看著動物緩緩前進,四下卻感覺
不到綠蔭和生機的感覺。

沿路看到一些屍體,司機說,這些幾乎都是自然死亡,
而不是被猛獸攻擊。有的在遷徙中餓死,有的就是自
然老死。

一個公園,兩個世界。

這邊的動物,感覺悠閒又快樂,這邊沒有天敵,
感覺就是動物投胎時,填志願卡的第一志願。

一路觀察下來，發現這些手工藝品／織品大多是工廠大量製造的。

我想，大多數人想買的應該都是純手工製的，感覺好像有對方的心血，然後更有特色，但像一些披肩或是織品，包裝套上還印有工廠的名稱，其實除非真的很對味，不然就好像比較沒有採購的價值。

價格都可以多談，真的有興趣，就慢慢跟他耗，沒辦法，這邊的字典沒有「不二價」三個字。

初進去賽倫蓋提國家公園，我們有些驚訝。不論是馬賽馬拉的廣大草原、或是納庫魯湖的綠意環繞、或是 Samburu 國家公園的沙漠灌木地形，感覺都很有公園的景象。

但在這裡，看到的卻是整片的乾涸土地，和車子疾駛過揚起的黃沙，像個很荒涼的野地。

車又往前行了幾公里，卻出現完全不同的景象。

一個公園，兩個世界，吉力馬札羅山上流下來的雪水，在山腳下形成了一片綠油油的天堂。原來我們一進來的地方，由於缺乏雨水的滋潤，其實原來是乾掉的湖泊。

終於到了最後一晚的露營地點，這邊算是很大的露營區，當天check in 的人，除了我們十六個之外，還來了好幾團外國遊客。但我們一致認為這邊的環境最差。一來，帳篷離廁所／浴室或是用餐的餐廳距離比較遠；二來，可能是天候的關係，地上的塵土很容易揚起，而且風一吹來，洗好澡也髒了；而且這邊的浴室和廁所的隔間，是用長板木頭拼湊而成，所以中間有一些縫隙，不小心，隔壁在大便的就可以看到你沐浴的春光了……

晚上，等待廚師煮好料理前，大家已經忍不住煮起泡麵，順便消化掉行李箱的空間。

等其他十四個人吃完晚餐（因為我和歐陽蕙心的胃已經整個壞死，完全沒有食慾），佐嘉又提議要去附近探險一下。聽說每天早上固定都會有一隻大象來巡邏箱簽到，所以營區工作人員也提醒我們不要離帳篷太遠。一群人拿著手電筒走在灌木叢中，老實說，我對這個「鬼屋」行程一點興趣都沒有，本人一向色大膽小怕狗咬，還好因為歐陽蕙心的胃和我的胃心意相通，所以落在最後的我們，在隊伍中默默的轉身，慢慢走回營地。走到一半，想不到身為九把刀連體嬰的小內，也跟我們走回來了。

沒多久，黑摸摸也找不到半隻鳥的鬼屋探險隊隊員也陸陸續續的回來了，然後大家就坐在營火前放空，只有南投生火界一哥黑犬，和有撿樹皮躁鬱症的阿譽一直瘋狂的在撿樹皮生火。印象中，學生時期去營火晚會，這時候應該來跳個營火舞，跳完營火舞也應該來個分享之類的，例如「謝謝九把刀同學在我的帳篷外面大便，謝謝九同學」「謝謝鍾權同學洗澡的時候分我看，謝謝鍾同學」之類的溫馨場面。但畢竟我們都是理性的成年人，所以除了默默的看營火，就是默默的添柴火。

這時候，大陸北京一哥鍾導演提議，來玩個目前大陸最火的遊戲「殺手」。雖然遊戲聽起來超蠢的，但是因為沒有更好的提議，所以大家就拿著小內提供的歐噴醬撲克牌玩了起來。

一開始我就因為歐噴醬和 Joker 傻傻分不清楚被大家恥笑，而且主持人廢話很多，一直逼問我們：「為什麼妳覺得他是殺手，請説出理由？？」媽的，你以為這是真心話大冒險，告白有理，真心無罪嗎？難道我要告訴你，黑犬覺得殺手是我，是因為他的保單受益人是我，我的保單不是他嗎？

最後一夜，就在搞笑又一點都不溫馨，星星不知道跑去哪邊的夜空下度過了。

by 九把刀

在肯亞，可以看到很多在台灣也同樣具有的觀光特色。

比如遊覽車會載我們到有抽成關係的紀念品商店去尿尿，載我們到東西不怎麼樣但還是有抽成關係的路邊餐廳吃飯。而我們拉車途經首都奈洛比時，在一間加油站尿尿，遇到了很沒品的勒索魔人。

廁所位於加油站的後方，有個破爛的門擋在中間，有很濃的尿騷味。

我跟女孩不幸排在尿尿隊伍的最後面。

雖然這九天下來尿過無數加油站，但沒有人向我們收過一毛錢，即使如此，我還是從打掃廁所的服務生狡獪的眼神裡，看出他打算向我們這一群坐車坐到呆呆的觀光客收「清潔費」。出來玩嘛，於是我抱著佈施窮人的心態，揣了一張一塊錢美金在外套口袋，想說我尿最後一個，就幫大家付錢吧。

大家尿完，就一個一個直接走回車上，只剩下我跟小內，以及同樣打算幫大家付錢的李昆霖。沒想到，就在女孩尿完，我要付錢的前一刻，李昆霖先我一步……拿出「十塊錢先令」出來，交在那一個顯然沒認真打掃廁所的服務生手上。

十塊錢先令？我是嚇了一跳，不過那服務生更是不屑，他不要這十塊錢，反而拿起鎖作勢要將我跟女孩鎖在加油站連結廁所的巷子裡。

此時李昆霖整個爆氣，跟他大吵。

這時我才知道，幹，這個服務生獅子大開口，他要每一個尿過的人付他一百先令（相當於台幣五十塊錢，喔喔喔喔我在台灣都沒尿過這麼貴的廁所！敲詐！），八個人尿過，就是八百先令（四百塊台幣）。我查過，肯亞人的每月平均所得大約兩千五百塊台幣，我們八個人這麼一尿，那麼服務生就等於瞬間工作了一個星期！

這不是敲詐是什麼！

這下子我當然不想拿出我那區區的、卑微的一塊錢美金。

大便界的一哥李昆霖很怒，大叫，要導遊歐提斯過來幫講道理。

歐提斯也覺得很扯，我們就讓他去跟那一個服務生去槓，大家先上車，確保安全。俗話說，強龍不壓地頭蛇啊，替身使者當然要交給替身使者來對付。

後來我方選手輸了，我們看見地頭蛇歐提斯自掏腰包，給了那個服務生一些錢，算是打發。開車後，我們好心追問歐提斯給了那廁所流氓多少錢，歐提斯大概也覺得丟臉，直說沒關係、不用擔心。

女孩覺得剛剛的過程很恐怖，一直驚魂未定，我倒是沒什麼感覺……其實我也沒怎麼生氣，只覺得那個服務生未免也太貪心，尤其那麼臭的廁所，根本就沒花成本在打掃啊。認真說起來，我還為了可以在回憶旅行時多了一個寶貴的經驗，沾沾自喜了起來。

真正的旅行是由很多不確定性胡亂構成的，當然並非每一個不確定性，都來自好運氣。倒是李昆霖在這種壞運氣的時候還滿可靠的，原來他不只是很會大便而已。

在這裡順便提醒每一個要到非洲旅行的大家，付錢的時候最好準備剛剛好的數目給對方，不然等他找錢給你會等很久很久很久很久，久到你會擔心拿不回來。

比如我買兩瓶冰可樂，加起來共兩百塊先令，若是付給餐廳服務生一千塊先令大鈔，他大概需要半個小時以上才會將該找的錢拿來給我。我真的會懷疑服務生會就這麼打混過去。我也相信絕對有人被這麼打混過去。

我的想法是，出來玩，不妨大方點，如果你沒有剛剛好的錢付給對方，乾脆將小費的概念灌注進銀貨交易裡。比如買八十塊錢的東西，給一百塊出去，然後說不用找了。買八百塊的東西，給一千塊出去……然後順便再多買個一百塊錢的可樂，笑笑說不必找了，大家都開心。在即將天黑的露營區，我給三百先令拜託土人去幫我買手電筒，他買回來，我就多給他一百先令當小費，也是大家都開心。然而買兩百塊錢的東西，給一千出去，我還是希望可以找八百回來！！！

我們在拉車前往肯亞最後一個景點時，導遊卡卡的車出事了。

坐在副駕駛位置上的楊蕙心，屁股底下冒出大量的濃煙，大家研判不是楊蕙心終於練成了殺神滅佛的廢屁神功後，紛紛逃出了遊覽車，其中又以身手矯健的酷哥逃得最快最遠，不愧是──真會逃！！

原來是電瓶燒掉。趁卡卡修車之際，我們隨便在路邊找了間小餐廳吃東西。

東西依舊難吃，但餐廳旁邊有一間簡陋的藥局。

歐提斯說接下來的車程會是此趟旅行的顛簸之最，只有死人才不會暈車，受驚的大家趕緊在藥局補充了大量的暈車藥，大量到，那間藥局的暈車藥所有庫存都被我們嗑光光。

禿鷹是這一場滅絕戰的唯一勝利者。

比起上一個在 Samburu 有點假假的沙漠，吉力馬札羅山山腳下的沙漠讓人有一種徹底絕望的感覺。
風沙很大，空氣異常乾燥，沿途可以看到許多動物的死屍，大概不是病死、老死，就是不堪長途跋
涉氣力用盡。
有的斑馬形單影隻地嚼著地上枯死的草，有的野牛則眼神迷惘地坐臥在地上（這些動物絕少會趴著
或坐在地上），都是沒能跟上同伴大遷徙隊伍的墮後者。

唯有從吉力馬札羅山汨汨流下的融冰流成了一個綠洲，為這個絕望之地帶來了一點生機。這裡有河
馬泡在水裡休息，有大象戲水，有水牛聚眾鬧事，這一切跟踏出綠洲之外的萬里風沙形成強烈對比。

從這個時候起連續兩天，所有人的衣褲都沾滿了大量的沙塵，我擤出來的鼻涕都變成褐色的，鼻屎
則乾到挖出來都帶血。手指指腹很粗糙，刺刺的，摸什麼都像皮膚有倒鉤似的，感覺快變成蜘蛛人。

今晚進駐的營區，還是走生猛原始的路線。
不過，如此簡陋的浴室竟然有熱水?!
廁所的狀態還是一樣爛爛的普通，不過我沒差，小便還是一樣隨便射就可以了，而大便⋯⋯好朋友
的帳篷還是我的首選啊！

不過這一次的大便襲擊竟然失敗，後來我才知道，當時行事人倉促，我沒搞清楚李昆霖帳篷的大門
口就爆發了，我只是拉在區區帳篷的側面。
拉錯了位置，李昆霖連例行的軍事報復行動都省下來了。
幫我拍照留念的女孩異常的緊張，沒有一張照片是沒手震的。

楊蕙心為了不想在帳篷門口踩到大便，含淚拿了一包日式烏龍麵泡麵給我，女孩跟我吃得超感動的。
原本我精心珍藏在肚子裡的那一條無主大便，最後只好靜靜地拉在荒煙蔓草之中。
泡麵好好吃，我還沖了兩包美祿慶祝即將回歸的文明，本來我以為自己吃泡麵吃飽了，沒想到好吃
的肉醬義大利麵端上桌，照樣被我掃光光。
我覺得減肥這條路對一個不挑嘴的男子漢來說，真的是太艱辛了。

這個營區到處都是大象雄渾豪爽的大便，不用「據說」，我們都清楚知道大象才是這個地方的真正
老大，我們只是苟且借住一下的過客。

晚飯後，我們有幾個人搖晃著手電筒離開營區，摸黑要去找大象玩。
走沒多久，女孩竟然因為太害怕了，背叛我，一個人衝回營區。
我很專心地找大象，怕死的佐嘉卻很孬種地找小不拉機的昆蟲，但負責防守營區的土人走過來告訴
我們，大象是一種很危險的動物，請我們立刻回營區加入沒種鄉民的歡樂聚會。
「幹。」我只有這個字。

沒種鄉民生起了營火，連今晚一起紮營在此的西班牙鄉民也坐過來取暖。
鍾權教我們玩團康遊戲「殺手」，他擔任裁判。
雖然是一個無聊的遊戲，但還滿適合一群無聊的人玩。

營火很溫暖。

為期十天的肯亞之旅就快結束了，但沒有人講一些性感感性的話。

沒有人唱〈萍聚〉。沒有人假哭。

看來大家都受夠了洗澡要排隊、閉上眼睛就呼呼大睡、睜開眼睛就會看到一堆斑馬跑來跑去的生活！

回家在即，我很珍惜最後一次早睡早起的肯亞生活，早早入眠。

晚上睡到一半，我聽見非常詭異的動物嚎叫聲，忽遠忽近。

一個念頭擊中，翻身而起。

「比比，要不要起床，外面好像有大象！」我猛烈搖著女孩。

「……真的是大象嗎？」女孩迷迷糊糊地說。

「我去看一下！」我精神抖擻，穿上外套就衝出帳篷。

不知名的動物嚎叫聲四起，既遠，又近在咫尺。

非常興奮的我走到餐廳，一個土人正在喝茶。

「Do you know what the sound from？」我亂講英文。

「……」土人點點頭：「Yes.」

「Is it elephant？」我亂晃手電筒，射向籠罩在營區周圍的無限黑暗。

「No, it's hyaena.」土人一臉嚴肅。

「Shit.」我簡潔扼要地開罵。

原來，又是惡名昭彰的鬣狗。

回到帳篷，我小心翼翼地在門口尿了一個鬼畫符，形成基本的結界。

一邊尿，我一邊警戒著周遭。

今晚每一個帳篷間隔的距離都有點遠，鬣狗的聲音實在太多了，又淒厲得很故意。千金之子不死於盜賊之手，我不想尿到一半的時候，要大聲尖叫：「誰咬我的小雞雞！」是以相當認真地左顧右盼。

此時，我注意到頭頂上那一大片壯觀的銀河。

好美……

「這麼美，我一個人看太可惜了。」我不禁哆嗦了一下。

我回到帳篷，再度搖醒女孩。

「柯比，要不要出去看星星？」我充滿愛的期待。

「……剛剛那個聲音是大象嗎？」女孩睏到連睜開眼睛都很困難。

「不是，是他媽的鬣狗。」我這個人就是太老實。

「好恐怖喔！」女孩將臉塞進棉被，含糊地說：「我要繼續睡。」

求歡被拒，我只好一個人走出帳篷。

站著，仰著，看著。

迷戀著。

雖然少了美女依偎，星空依然好美好美……

強者如我，都還是只能用上「筆墨無法形容」這麼嬌情的空洞句子，去形容當時我所看見的巨大星空。有一種純粹無飾的美，無法言傳。

我想起了香吉士。那隻終於在河邊下蛋了的雞。

想起了 Jim，想起了小妹。

「Jim，我真的到了非洲啦。」

我聽著鬣狗嚎叫，看著滿天星光。

「雖然還是沒釣到水鬼，不過……我真的來到非洲啦。」❶

今天，不是我擁有了這一片燦爛星空。

而是這一片燦爛星空擁抱了我。

---

❶ 請參閱九把刀《在甘比亞釣水鬼的男人》一書。

第九天
Day 09

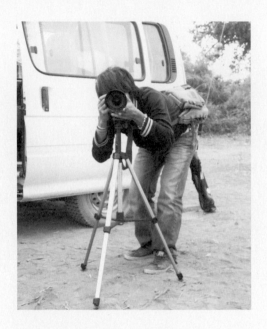

by 黃安妮

遠離非洲

最後一天醒來,可能是身處 M 型住宿的低點,感覺對於旅程的結束一點都不會依依不
捨,哈哈。

阿譽的灰姑娘之旅終於要結束了⋯⋯

這趟旅程我們還滿常拍合照的哩,每一個景點幾乎都有拍到,每次看到合照,都會想到
大家在每一個景點的快樂時光。

把行李放上車,今天的行程就是到機場這麼簡單而已,不過也是一條漫長的路。

往機場的途中停在一個小丘陵前，算是對　停車場很有趣，是用小石子排列而成的。
於肯亞最後的回眸。

歐陽蕙心不知道最後一天是不是吃了興奮
劑，整個非常嗨。

小丘陵上可以瞭望到由山上流下的雪水形成的動物天堂。這幾天天氣不是很好,司機指給我們看吉利馬札羅山的方向,可是籠罩在一片灰濛中,看不到什麼鳥。

離開賽倫蓋提國家公園的途中,看到的幾乎都是很 PEACE 的動物,可見這裡真的是動物養老的第一選擇。沿途也看到大象的屍體,大家第一個好奇的是:「象牙還在不在,可以去撿嗎?」哈哈哈哈!

司機說,公園裡面每天也會有管理人員定期巡邏,所以如果園區內的大象死亡,通常管理員會先把象牙取走,但是象身體就會放在原地,讓大自然的清道夫當成好幾餐來享用。

沿途經過了一些原來是度假村的地方,我們大呼:「應該來住這邊才對啊……」結果司機告訴我們,這個度假村早就已經荒廢了,荒廢的原因除了負擔不起營運成本,像在肯亞大多數的高級飯店,其實水和電真的是很奢侈的開銷。一般電都需要用柴油發電機,所以晚上限時供電是很正常的,一些露營區的熱水,也是浴室的後方需要不停的添柴下去燒,這邊還有一個不知道該說是幸還是不幸的主要因素,就是大象。

有大象在度假村外的自然景觀，應該是很幸福的。可是因為近年來越來越多的開發，使得動物的領域越來越縮減，大象為了覓食，推倒了越來越多的樹，樹一旦被推倒了可能也就死亡了，土地沒有樹木來留住水分，也越來越荒漠化。

也許在未來的更多年，人們到非洲旅遊可以越來越便捷，坑坑疤疤的爛路變成了筆直的柏油路，但相對的，動物，也會越來越遙不可及了。

號稱大象故鄉的安波西里國家公園，大象果然真的很多。遠遠看到一隊大象經過，佐嘉趕緊指示司機繞過去。這次兩台車的司機，歐提司和卡卡，歐提斯算是層級比較高的吧，所以他堅持一定要跟李昆霖同車，但是另外一個司機卡卡，不論是在對動物的動態瞭解以及如何在最好又最近的角度看動物，其實經驗比較豐富，所以我們常常在這台車對著另外一台車的角度望車興嘆。

小猴子的臉好粉嫩，在媽媽的懷中還滿可愛的。

要離開最後一個國家公園了，司機下來辦手續順便讓大家上廁所，門口放了一根骨頭，原來這是大象的其中一節骨頭。

前面的一些旅程中，常常因為要上廁所的關係，就像在台灣旅遊一樣，我們常常在一些土產店休息。偶爾看到想買的，司機都一直跟我們說，最後一天會帶我們到一個價格實惠，而且品項眾多的地方。

實際到了現場其實有點失望，因為這不過是和司機公司配合的土產店而已，而且價格一點都不實惠啊，也許習慣買的人就是會殺價，所以想要買東西的人，拿個籃子把自己要買的東西放成一籃，然後開始全籃議價！！總共多少錢？砍價格，慢慢的降，這個價格的話要拿一隻長頸鹿起來之類的。

我實在是不擅長這樣的殺價啊⋯⋯不過真的旅遊一遭，我的感想是，如果價格還可以負擔，重點應該是喜不喜歡，喜歡的話還是早點入手吧。

左邊那張照片裡的動物群，是隊長夫婦想要買的木雕，可惜最後價格還是談不攏。

中午用餐地點就在土產店的旁邊，店員一直不斷進來把隊長拉出去要再喬價格，但是實在跟預算相差太大，而且店員也不接受隊長提出的現金＋電蚊拍＋中山裝的特價組合，所以最後只好放棄了。

土產店的外面開了很美的白色九重葛，所以沒買東西的我們在外面又拍起了沙龍照。

離開土產店，也算是離開了我們在非洲的最後一個行程，帶著悵然若失，卻又想家的心情，朝著機場前進，邁向我們的輾轉返家路。

萬里返家路

終於回到寶島台灣了，吼，我居然活著回來，真是太佩服我自己了。

黑犬脖子上的濕疹，睡一覺起來好多了，去看了醫生。

醫生說：去幾天？？雨季很潮濕吧？

黑犬說：不！很乾燥。

醫生說：很熱吧？？

黑犬說：不！其實有點冷。

醫生說：嗯，跟我想的都不一樣，是去「玩耍」嗎？

黑犬說：嗯，不然難道是去參加飢餓三十嗎？

我也在今天下班後去看家庭醫師……醫生說：鼻竇炎，幾天了？

我說：我算算，我第二天就喉嚨痛，第三天淋雨就開始打噴嚏流鼻涕，應該十天有了……

醫生說：嗯，沒曬黑，還算好。（醫生原來你有偷偷觀察我）好玩嗎？

我說：還不錯，不過不會想再去了。

醫生說：不會啊，表示妳人生有去過非洲耶！！

醫生你們都這麼醋咪嗎？？

這一趟旅程非常快樂，我們的領隊真的很會排行程，整個旅程 M 型化得簡直太讚了。

有在豪華的幾百美金一晚的飯店，睡著軟軟的床，享受著天然的涼風；

有像是台灣後火車站的旅社，花白的燈光，令我以為我是黑人叫來的小姐；

也有拿著手電筒在帳篷中找行李，半夜聽到外面不知道是狒狒還是鬣狗的叫聲。

當然，這一切，我想都是因為有一群好旅伴的關係。

大家都從前面寫遊記，那我就從最後的高潮說起吧。

最後一天，通常應該都是依依不捨的心情，不過大家也都累了吧，加上回到機場的路上真的頗為顛
簸。

看到可以走的柏油路的時候，比看到什麼還開心（因為有些還在興建，能看不能走）。

本來昆霖請司機安排，是否可以幫我們找一家旅館，讓大家去洗個澡再回家。

不過對於非洲人來說，應該覺得我們有超級大潔癖吧?! 後來找不到有熱水的，還是作罷了，反正
再一天，我們就可以回到台灣，洗到脫皮都不怕。

四點整，司機把我們載到奈洛比機場，因為他還有下一團要接。

問了機場門口的警衛，哪邊有可以使用電源的餐廳。警衛說，對面的航站裡有不錯的地方，所以大
家灰頭土臉的來到了餐廳。

大家輪流把照片傳給李昆霖，吃飯的吃飯，休息的休息，還順便利用餐廳裡的浴室擦澡洗腳。

等到晚上八點，大家笑鬧著準備進機場，才知道斑馬大神狠狠的開了我們一個大玩笑。

由於肯亞航空超賣了五十多個位置，所以我們的訂位被取消了。

而且就算我們四點就去 check in 也沒用，因為今天的機位早在昨天就已經全被劃走了。

該說是我們很幸運嗎?! 我們十三號啟程，十四號就發生了肯亞航空成立三十二年來的首次罷工事件。

肯亞航空罷工案八十六名職員遭解雇

肯亞航空公司（Kenya Airways）將要求加薪而發動罷工的八十六名職員解雇。

從十四日開始的這場罷工，造成非洲航線大亂，迫使該公司取消飛往非洲八個城市以及阿姆斯特
丹、杜拜的班次。

這樣的延遲，致使後來的班次為了消化旅客，造成機票超賣的現象。

面對這樣的結果，我們傻眼了。

以前看到電視上演因為飛機延遲而大發雷霆，在電視上像瘋婆子一樣大喊的畫面，都會覺得有這麼
生氣嗎？不能好好的說嗎？

真的落到自己頭上的時候，才知道那種感覺原來真的很差很差很差。

航空公司秉持著打發一個是一個，一開始的回答是，就是沒機位了，請等候補吧，而且航空公司也
不打算給我們任何的賠償及補救措施，聽到這樣，大家整個氣都來了。

昆霖嘗試著跟肯亞航空對談，一開始對談的這個黑人非常的惡劣。

除了態度很差之外，也被我們看到疑似收賄的畫面。而且陸續在這之間，有不少他們的同胞，都在
此時完成劃位，更令我們覺得匪夷所思。

Kenya Airways
The Pride of Africa
SKYTEAM ASSOCIATE

August 21, 2009

Dear Customer,

I apologize for the disruption and inconvenience caused to you during the recent strike by Kenya Airways staff.

I am pleased to inform you that the management is working out a new and mutually rewarding relationship with the Union to ensure no repeat of this unfortunate incident. I am also pleased to inform you that the airline has now cleared the backlog of customers affected by the disruption and now returning to an efficient and on time schedule for all of its flights.

Once again, I would like to apologize for the disruption and the inconvenience this may have caused you and appeal for your understanding and support of our efforts to rebuild your pride in us and take *The Pride of Africa* to the next level.

We sincerely look forward to welcoming you aboard your next flight with Kenya Airways.

<u>Titus T Naikuni</u>
Group Managing Director and CEO

肯亞航空道歉信

一度我們以為，不要劃團體位，直接拿著機票到另外的肯亞航空櫃檯，兩兩劃個人位可以成功。雖然個人櫃檯的小姐很和藹可親的幫我的行李掛到台北，但還是微笑的跟我說『No Seat！』請我等候補。

人在國外，終於想要回去跟我的英文老師懺悔，當初怎麼不認真學。還好這一團，什麼不多，英文溜的最多，所以經過昆霖和佐嘉的大力奔走，我們確定今天晚上搭不到飛機了，但是肯亞航空從原定的不打算賠償，變成提供我們住宿過境旅館、第二天早午餐，以及每人三分鐘的國際電話。另外，因為搭不上飛機，所以原定從香港回台北／高雄的飛機，也需要幫我們重新安排連結。

確定回不去了，只好趕快發簡訊給公司同事，請他幫我跟老闆解釋。想兒子想瘋了的王小啦，一直用 iPhone 在看 Savi 的影片。

歐陽蕙心在耍白痴，結果過一會兒就吐了……
其實這幾天我和令狐蕙心的胃一直不是很好，主要是因為食物吃膩了。
我們挑食，天氣熱，又喝了一堆可樂，在這麼飲食不正常的情況下，加上路況的顛簸，外強中乾的身體馬上出現非常大的狀況。而且因為上廁所的地方不好找，也不敢喝太多水，所以其實有點中暑的現象。

DEPARTURES			STD	ETD	COUNTER	REMAR
			21:25	21:25		DEPA
AIRLINE	FLIGHT#	DESTINATION	21:30	21:30		DEPA
Kenya Airways	KQ 404	ADDIS ABABA	21:35			DEPA
Precision Air	PW 728	KILIMANJARO	21:55			DEPA
Kenya Airways	KQ 726	LILONGWE	22:00			GAT
Kenya Airways	KQ 112	PARIS	22:05			DEP
Precision Air	PW 719	DAR ES SALAAM	22:10			
Kenya Airways	KQ 416	ENTEBBE	23:10			
KLM	KL 566	AMSTERDAM	23:40			GAT
Kenya Airways	KQ 860	BANGKOK	23:45			GAT
Kenya Airways	KQ 466	KIGALI	04:30			
Kenya Airways	KQ 102	LONDON - LHR				
EGYPTAIR	MS 850	CAIRO				

Time: 10:34:19 P

原定從曼谷轉機到香港的 KQ860，一直沒有任何相關訊息。

歐陽蕙心趁櫃檯人員通通下班，跳上去輸送帶想看看自己
如果當行李運回去的話，大概幾公斤要多少錢？直到指示
燈顯示「請不要把『大叔頭』放在輸送帶上」才放過這可
憐的機器！

珊珊跟 James 帶她去醫務室,本來我也要進去看,結果非洲醫生看診速度不但慢,還要索取費用,珊珊馬上跟他說 No Money,黑人也很殘忍,就直接跟她說,那下一個我不會看了。切～～～我直接跟九把刀這個藥頭拿藥還比較快……

經過一番波折,我們終於確定了明天的機位。為了防止今天的突發事件再度發生,所以我們堅持要先拿到登機證才去旅館。

四點到機場,八點 check in,到了半夜十二點多,我們終於確定了第二天下午五點的飛機,大家又大包小包把行李拖往過境旅館。

同行的還有兩個新加坡男生,小小的一台車,擠了十八個人和二十幾個行李箱。
據機場人員表示,安排我們的旅館距離機場約莫十分鐘的路程。
在我們離開之前,有一團韓國團早已經離開去過境旅館了,另外還有一個台灣領隊帶的四名台灣旅客,也已經離開。
在到過境飯店之前,聽別人說,過境旅館的品質其實很差,所以我們心裡也已經做好了大概跟火車站後面休息兩百,過夜三百五的飯店差不多等級的心理準備。
不過有可能因為被延遲的旅客真的太多了(光是我們這個班次就超賣了五十幾張),所以便宜的被住完了!
我們被安排到據說奈洛比最高五星級的Panari Hotel,一晚要三百多美金的高級旅館。當我們看到豪華的旅館外貌時,所有的人都忍不住歡呼了起來。

旅館人員開始幫我們安排房間。

一進門，啊～～～尖叫，太高級了吧！
這大概是這十幾天來住到最現代化的旅館了。所有的服務一應俱全。

熱水是這幾天洗來最熱、水力最強的，好舒服。而且電還是二十四小時供應，嗚～～真是太感動了。

而且居然現代到還有「下身盆」。

還好我之前有看過網友寫過，知道那是下身盆，是說我也不太會用就是了。

結果第二天吃早餐，佐嘉居然說那是洗腳盆！

慕容蕙心更誇張，她應該是這幾天吐傻了，說那是嘔吐盆。

所以我還建議她在旁邊加裝枕頭，吐起來應該舒服又方便。

在網路估狗了一下下身盆用法：

女生來講是面對牆壁（面對水龍頭）坐，然後打開水龍頭調整出水頭的角度（下身盆專用的龍頭是出水口可以轉動的）對準要沖洗的部位。

女生 for 生理期洗淨，當然背對著坐可以洗菊花啦，而且也是冷熱水都有，只是要手動自己調整就對了。

各位小朋友，下次不要拿來洗腳喔！

因為班機延誤，終於可以用到保險的理賠了。

一陣累之後，黑犬叫了 Room Service，點了一個牛肉漢堡來吃，結果超難吃。

倒是九把刀跟小內點了義大利麵，聽說超好吃的。

說到這，還是要把黑犬捏出來鞭一下。

話說我的英文真的爛到極點，但不得已的時候還滿敢用我的爛文法講的。

黑犬的聽力比我好，但是開口講英文的勇氣就實在是……

雖然吃了張廖蕙心在機場拿到的胃藥和九把刀的伏冒加強錠，但還是一直咳嗽，所以我跟黑犬說，你可以叫 Room Service 送一杯熱水來嗎？

結果黑犬居然說……妳可以忍一下嗎？

我知道他可能不知道該怎麼跟櫃檯說，就說好吧。倒是後來也一下就睡著了。

第二天我又請他問洗衣部如果現在送洗衣服，何時可以拿到。

他先是推說不用，他有衣服穿，到最後被我逼急了，只好說：「我打電話叫楊蕙心幫我們說好了……」

吼，你很遜耶～。AB 魔羯真《一ㄥ。

雖然我的英文很爛，但是我在機場的時候，看到黑人可以有機位，我們卻沒有，不知哪裡來的膽子，我居然還英文衝出口的跟工作人員說：

Why they can check in?

Because I'm Chinese?

If I won't in office on Monday,

My boss will fire me, do you understand?

吼，我講這幾句的時候都快哭出來了說……想不到我這麼熱愛我的工作。

雖然望出去是荒涼一片的感覺，但是這已經是最現代化的地方了。
對面都是沒什麼東西可以買又貴的購物中心和一些汽車銷售點。

飯店的柱子讓我們兩個看起來好瘦好修長喔～
真想整條鋸回家啊。

講到洗衣服，一到飯店就請隊長問一下飯店有沒有提供洗衣服的服務，飯店說有提供，所以我一到房間就趕緊翻閱客房服務，想知道洗衣服的分機電話和價格。可是我找來找去一直找不到「clothes」這個單字……囧。直到我去隊長房間借網路，隊長夫人王小啦對我說：「ㄟ～你們在問的那個洗衣服的服務打 3407 問就可以了，妳知道齁？那個客房服務上面有寫。」我鎮定又心虛的回答說，當然知道啊！

一回到房間趕緊再翻，對照 3407 代碼，原來洗衣服的服務叫「Launder」，好難喔～～～為什麼王小啦知道我卻不知道呢？為什麼呢？

「喔！李昆霖跟我說的啊！」……原來碩士跟博士差在這邊？!

第二天吃飽睡飽，在出發前又洗了一個香香的澡，整個覺得跟昨天灰頭土臉的進機場根本就是兩樣情啊！

終於過了肯亞的海關了。之前爬文就有聽網友說，肯亞認為跟我們沒有邦交，所以不願意把簽證貼在我們的護照上。

一樣二十五塊美金的簽證，是貼在兩張薄薄的紙上。

出境入境章也都是蓋在這兩張紙上，等到離開肯亞海關時，他們會收回去。意思就是護照上完全沒有我曾來過肯亞的紀錄。我只能說，跟台灣沒邦交的多的是，這種想法也太可笑了吧。

雖然有看到網友說，有人因為不知道，把這兩張放在行李箱中托運了，所以最後有把這兩張紙拿回家。

不過帶不回來的就拍回來，更何況前一天受了肯亞航空的鳥氣，老娘也不爽你蓋在我的護照上！

肯亞的免稅店，看起來比較像是土產店。

如果在肯亞當地沒有買到什麼名產的話，我強烈建議來機場買。

James 在飯店買了一本植物的原文書，結果機場只有他買的半價。

黑犬買了一張很精美的肯亞地圖，當時在飯店買兩千先令，約合台幣八百五十元，當時想說飯店的禮品店不能殺價，就傻傻的買了。（後來九把刀證實，飯店的禮品店也可以殺價，大約七～八折）

結果，機場居然只賣十八美金……大概才台幣五百多。整個快要昏過去……

不過如果想要寄明信片回台灣，建議在飯店就可以先寄了。

我們在肯亞第一天的飯店禮品專賣店詢問，飯店人員說只要八十先令，也有提供代寄的服務；過了幾天因為是露營，又或飯店太偏僻不提供代寄，所以直到某次停車上廁所時，看到肯亞郵局，一進去詢問，郵務人員拿出一張寄信的明細表，上面卻寫著寄到亞洲要九十先令。最後沒寄出的，想說來機場寄，結果答案是兩塊美金。

事實證明三種價格都可以寄到台灣，所以如果看到還不錯的價格，建議把握為宜。

準備上飛機了，幻想著十幾個鐘頭後我就會回到台灣，殊不知，斑馬大神並沒有這麼簡單的放過我們……（聳肩）

如果這麼容易回到家，恐怕我們會太快忘記這趟愉快的回憶吧。

俗話說，痛苦並快樂著，應該就是這種感覺吧。

原來的計畫是這樣的：

22AUG 肯亞航空 KQ860 2310 1755

23AUG 中華航空 CI642 2005 2145

其中肯亞航空的部分，中途會在曼谷不下機等轉機。

但是因為航班的關係，新排進來的我們只可以選擇飛印度孟買或是杜拜再轉機。

幾經考量後，新排好的行程為：搭乘肯亞航空從奈洛比先飛印度孟買，從孟買再搭乘國泰航空抵達香港。抵達香港後，六個從高雄來的旅客，可以順利搭上一個小時後往高雄的飛機。飛往台北的十個旅客，因為香港台北的班機都很滿，所以旅行社會再喬候補的位置，或是星期一抵達香港後，在香港玩兩天，星期三確定有班機座位回台北。

這時候的心情超級矛盾的，想趕快回台灣，卻覺得去香港玩兩天也不錯。

尤其鍾權一直拿 Zara 跟 H&M 誘惑我們，我的皮包裡又不知道為什麼，居然有帶上次沒花完的港幣和八達通卡（謎之音：明明就是行前你自己放進去的啊～），這不是上帝的旨意，要我去香港玩幾天的嗎？？？

西門蕙心拿出他那做作的筆記本開始寫日記。

老實說，我對孟買一點好感都沒有。

多年前去義大利，從羅馬飛阿布達比轉機，結果阿布達比轉機時上來一個不知道自己流產，還以為是 MC 來的北七。因為情況緊急只好迫降孟買，當時，我們全機的人，就在飛機上等了整整六個小時，不能下飛機，只能乖乖坐在機上等。

肯亞航空從香港飛奈洛比的飛機餐還不難吃，但不知道為什麼，奈洛比飛孟買的飛機餐卻爆難吃。

說難吃，旁邊的印度阿三跟黑人，卻也是吃個精光。

我則是因為鼻竇炎嚴重暈機外加胃痛，只吃了麵包和水果而已。

尤其是其中有一樣是黃色的液體，味道更是詭異到了極點。

范姜蕙心跟鍾權玩猜拳，輸的要舔一口。結果司馬蕙心節節敗退，最後頂著胃痛，寧可喝飛機上提供的伏特加，也不想再吃那像嘔吐物的東西一口。黑犬走過去說：「你們有吃中間那個嗎？？好像精液的味道喔！！」

這句話嚇到上官蕙心，整個大叫：「我吃了耶……」。

而且黑人的費洛蒙真的很強！那個味道，吼～～～～難怪肯亞航空上的 Duty Free，不同於我們一般在飛機上看到的，化妝、保養品佔了四分之三強，肯亞航空上的型錄，主要就是香水、眼鏡、手錶。表示黑人真的很愛香水啊～～～

飛了六個小時，終於抵達孟買。甫出空橋，就看到地勤人員，拿著寫著我們名字的牌子。我們正高興的準備轉機搭乘亞洲的國泰航空，好好的舒緩鼻子，平緩一下充滿四周的費洛蒙時，接待的地勤人員告知我們一個消息：我們預定搭乘的孟買往香港的國泰航空被取‧消‧訂‧位‧了。

被肯亞航空已經震撼過的我們，完全沒有不悅的表情，只問了：「然後呢？那我們要坐哪一班？？？」完全就是已經呈現自我放棄的狀態。

九把刀也好整以暇的拿出 NB 開始一邊寫
文章一邊和小內談戀愛。

經過詢問，因為肯亞航空需要安排我們所有一路銜接從奈洛比回台北的旅程，而國泰航空跟肯亞
航空並沒有合作關係，所以如果我們坐國泰，肯亞航空可能要支付比較高的成本，因此無預警的
cancel 掉我們國泰的行程，要我們搭乘再晚兩小時的印度航空。

有飛機搭總好過沒飛機搭，但是原定抵達香港後，馬上要銜接高雄的人的行程，還有原本旅行社也
已經幫飛往台北的人處理好的班機，都一併被 delay 了。昆霖把這個情形電話告知台灣的旅行社，
我們就乖乖的在轉機處等，等待地勤人員告知我們要坐哪班飛機。反正計畫永遠比不上變化⋯⋯

經過一番折騰，終於地勤人員拿到了我們所有人的boarding pass，帶部分的人到行李區指認行李。

印度的安檢還滿嚴的，不但所有的行李要過 X 光，人走過安檢門後，還要站在台子上，讓安檢人
員用金屬探測器掃描全身。而且以亞洲人看中東人的造型，覺得每一個長得都很像會劫機的樣子
啊⋯⋯經過檢查後，終於看到了孟買的航廈，其實高級店還滿多的，不過我們根本沒有時間可以逛
了，匆匆來到登機門。

終於來到了 Gate，不過並沒有空橋。

得坐接駁車到停機坪外……

超級老舊的空中巴士 A310 正等著我們……

一上機，整個大傻眼。這台飛機真的可以從孟買飛到香港嗎？？？？？

走道兩旁的冷氣，不斷有白色的水氣冒出……（因為相機拍不出來，所以我手畫出我看到的樣子），座位上居然還有像巴士上的點菸盒；現在飛機的廁所幾乎都是真空吸引出去的，但是這台飛機居然是按鈕，然後會有藍色水跑出來沖馬桶的！還好，安全帶是扣環，我真怕是草繩一條……

飛機從孟買先飛德里，一路上一直看到空奶們，拿芳香劑去噴廁所……

過一會兒，空奶推著餐車發送早餐。

我整個聞到味道超級想吐的……

為什麼？？？？為什麼？？？？我旁邊的印度人可以在三分鐘內吃得精光呢？？？？為什麼呢？？？？

中間那個疑似蘋果派的東西，整個就……很微妙。

鍾權說：「我感覺我們這一路從嘔吐物吃到排泄物。」然後我們三個就一直狂笑。

過一會，酷哥走過來說：「吼，那個蘋果派還可以，我吃了兩個，連我老婆的都吃完了。」

我們報以敬佩的眼光，酷哥果然不是人，是動物。

他的人生只需要運動和大量的熱量——「我需要補充熱量！！大量的熱量！！」

就在詭異的味道和詭異的餐點中，外加因為鼻竇炎，我在飛機降落時，耳鳴得相當嚴重，甚至痛得很厲害，心理暗自覺得，我要回台灣！！我要回台灣！！而且我這輩子絕對不會想要去印度……因為我很怕印度寶萊塢音樂一下，我沒辦法馬上跟上節拍，怎麼辦啊～～～

在坎坷的坐完八小時的印度航空後，終於抵達香港機場。

回到文明現代化的社會感覺真好啊～～～

剛出空橋，就看到國泰航空的先生已經 Standby，拿著我們的姓名牌在等我們了。原以為，這趟磨難已經結束，整個覺得「猴嗨森」啊～～～

往高雄的六個人，由另外一位小姐帶領，除了 Sally、阿響已經排上下一班的候補機位外，昆霖和佐嘉夫婦居然在神不知鬼不覺的情況已經默默的登上往高雄的班機飛出去了……

這才是人吃的食物啊～～～

我們跟著這位恩人走，來到了櫃檯。

然後恩人緩緩的說：「目前沒有回台北的機位，我去幫你們看看，你們稍等一下！」

中央伍為準，呈轉機隊形，散開，薩！

香港機場居然可以使用免費的無線網路，吼～～～怎麼這麼貼心啦！馬上 NB 全部開始搶用，東方蕙心也趕緊打電話給她爸說飛機延誤了，還很不要臉的跟爸爸說，我在香港血拼的話，你會幫我付錢嗎？噴！真不可取～～～

恩人這時候走了出來，告訴我們他已經喬好了，要我們前往 N 公里外的 E2 轉機室找華航的小姐即可。

大家歡呼了一下，就健行了十分鐘到了 E2 轉機室，沒想到，華航的小姐居然說：「沒有人跟我們聯絡過。」

媽的，這就是傳說中的鬼打牆嗎？

由於我們忘了記恩人的名字，所以我跟珊珊只好又健行十分鐘回到原來的地方，很怕恩人下班落跑。

回到了長榮的櫃檯（雖然很詭異，不知道為什麼恩人要躲在長榮的櫃檯），「你你你……就你，華航的小姐說沒有啊～～～」，這次一定要把恩人捆去華航的櫃檯問清楚才行。珊珊跟恩人說：「你可以讓我們坐那個車嗎？我們已經不想再走路了……」香港機場有那種大型碰碰車，好像要五十塊還是幾塊港幣才可以坐的那種。

恩人微笑的點頭後，帶我們下樓，結果原來樓下就有往轉機處的 Shuttle Bus 可以坐。

到了華航，櫃檯前突然出現謎樣的恩人的同事，正在幫我們喬機位，所以恩人又閃電飄走了……

滿滿的航班，卻沒有一班有我們容身的地方，啊～～～令人覺得空虛覺得冷啊～～～大家快餓死了，最後還是忍不住先到旁邊的餐廳先飽餐一頓再說……

吃飽回到櫃檯，這時候傳來兩個消息：目前有五個機位，And 我們有十個人，行李轉盤卻只剩八件行李。

所以開始插賭，誰的行李遺失了？公孫蕙心從出發前就用念力希望她的行李遺失，因為保了兩家行李遺失險的她，如果行李真的遺失了，可以領到四萬元啊！

「也許你們的行李箱裡有滿滿的回憶，但我的行李箱只有臭酸的衣服。」知識文藝女青年如是說。

另外，因為先有五個機位，所以扣掉我和黑犬、James 和珊珊，還有一個位置，不是鍾權就是楊蕙心。鍾權早早就在等待的時間，辦好了台胞證的加簽，整個恨不得馬上衝到香港街頭，所以又想回台灣、又想去香港血拼的天秤座鳥毛女西門蕙心開始猶豫不決～～～

這時候恩人突然又飄進來，說：「十個人可以搭同一班飛機回台北，給我剩下的護照！」即時戳爆了端木蕙心猶豫不決的心。

經過了一小時二十分鐘，終於抵達台灣桃園國際機場，快速的拉起包包往前走。結果看到皇甫蕙心一把鼻涕一把眼淚的在哭。原來她在快要抵達的時候，就已經聽著周杰倫的〈稻香〉在培養情緒了。

終於拿到回台灣的機票了～～～

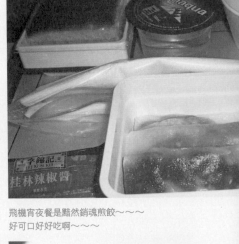

飛機宵夜餐是黯然銷魂煎餃～～～
好可口好好吃啊～～～

因為不能去香港血拼，臉很臭的兩個人……離起飛時間
只剩十分鐘，恩人帶我們走到香港機場快速通往 Gate
的任意門。

這才是人吃的食物啊～～～

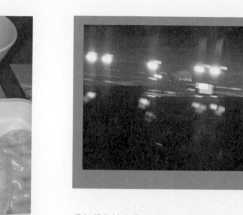

還記得你說家是唯一的城堡 隨著稻香河流繼續奔跑
微微笑 小時候的夢我知道
不要哭讓螢火蟲帶著你逃跑 鄉間的歌謠永遠的依靠
回家吧 回到最初的美好

詞／曲：周杰倫

然後看到機場新裝的 LED 國旗燈，她就哭了……切～～～年輕人就是年輕人，太嫩了
（用小指踢開）。
在入境的地方，看著入境處大大的「回家」兩個字，心裡覺得激動又安心，然後開始行李
大揭曉。將將！

答案是：九把刀和楊蕙心順利當選本次金賽獎最佳男女主角。
女主角樂不可支的一直到……
第二天航空公司把她的臭酸行李放在她家的門口為止。

莫名其妙又開始爬山了，但這座山很矮，可以接受。

by 九把刀

最後一天，我們還是爬了一座莫名其妙的小山。
很多冷靜下來就會發現其實很無聊的景點，都因為大家拍了大合照，被迫有了點什麼。

這個景點，是出了名的超多大象。
綠洲當然有大象，還有一隻泡在池子裡的河馬屍體，幹超臭的。
有一群大象恰巧走過卡卡那一台車的前面，Sally 說她還感動到哭了。真好哭。

我在出發來肯亞前三天，正好去 Timberland 設計一款專屬於我的鞋子，鞋子趕製不及，遺
憾無法穿來非洲探險。
結果我到了肯亞，沿途看到好多棵 Timberland 的商標，突然讓我喜歡上這牌子。

凡旅行都要有所體驗，不然會被別人說白來了。

來非洲，本來應該來點「原來，生在台灣的我們已經很幸福了」這類的自嗨感動，但當我們的車子經過別的營區，竟發現這個世界上還是有很多有錢人，過著跟我們不一樣的生活……

超豪華的營區！！而且有大象跑來跑去！！

大家都說大象很有靈性，是的，這個小道消息是正確的，大象果然西瓜偎大邊，懂得跑到小木屋別墅區表演吃樹給有錢人看，只有鬣狗那種白痴動物才笨到徹夜唱歌給我們這些窮人聽。

佐嘉說，都是人類將大象要吃的樹砍光光，才會逼得大象侵入人類的地盤大吃一通。「反正都是人類不好！」這套結論總是很管用的。

吃光所有東西的大象，這不禁讓我想起我跟女孩合作的第二本青少年圖文書——《吃肉的大象》。

故事當然很可愛，插畫當然更可愛，現在還在等 Blaze 幫我們後製，不多久就可以跟大家見面啦！

(已於二〇一〇年二月出版)

沙漠綠洲真的是所有動物的天堂，不曉得獅子走來喝水的時候會不會出現有默契的和平？

這是在肯亞最後一次的鄉民大合照啦！

大象要過馬路，當然是停下來欣賞啦！

猴子，嗯嗯就是猴子啊⋯⋯

跑了一趟大沙漠，大家全身上下都是沙子！

真的是風塵僕僕。

啟程往機場前，歐提斯跟卡卡載我們到最後一個海削觀光客的地方。

來自亂買界，我當然會想買一點紀念品回台灣，不過我不想太早買紀念品，導致接下來的旅行日子我都得帶著笨重的紀念品到處跑，所以在今天之前，女孩跟我一共只買了一個木雕小象、小牛角水壺跟一條絲巾。幾個小時後我們就要離開肯亞，這一間藝品店顯然是敗家最後的機會。

很幹的是，這一間紀念品店賣的東西，十之八九我們都得很膩，跟過去的八天裡許多簇擁而上主動推銷手工藝品的肯亞鄉民所拿的東西，都一模一樣。

這真的很可惜，我們不是不想花錢，而是不想花錢買廉價的大量複製品。

我想帶走的是完全手工的東西——不那麼精緻、有點粗糙感、痕跡拙劣都無妨，重點是它會有製作者全神貫注的靈魂。

我選了一個超有手拙感的犀牛木雕，我想把它擺在新家的陽台上。

除了這個我好喜歡的木犀牛，喜歡亂寫毛筆字的我還挑了河馬紙鎮。為了打發疑似需要送禮的人，我多買了兩個還滿好看的木碗。好看但我不會用也用不著，送人我很願意。

逛著逛著，我注意到鍾權選了一隻非常有特色的木雕長頸鹿。

「媽的真好看，比比妳去幫我問鍾權，那隻長頸鹿在哪裡看到的！」我一驚。

女孩跑去問，結果全店只剩這一隻，讓鍾權洋洋得意了起來。

「幹，我跟你買。」我展開外交官式的交涉。

「不要。」鍾權露出娘砲的笑容。

「靠咧，那我用這幾個爛木頭碗跟你換。」我展開男子漢式的交涉。

「嘿嘿，不要。」鍾權還是娘砲的笑。

「幹給我啦！」我最擅長耍流氓式的硬討登場。

「哈，不要。」鍾權你這個死娘砲。

我開始祈禱通過海關又經過搭機層層的過程擠壓，那隻長頸鹿的脖子會斷掉。

我們終於甘願買紀念品了喔喔喔！

看起來穿過無數次的拖鞋也敢拿出來賣！　　　　　　　　　　　　機場餐廳的大餐。

我們提前抵達了機場，還有五個小時以上的時間可以鬼混。

從沙漠地區回來，絕對符合風塵僕僕的嚴格定義，大家立定跳抖下來的沙子，大概可以在台北佈置成一個人工沙灘。這麼髒，怎辦？大家有志一同在機場旁邊找了個餐廳休息，男生大概在半個小時之內全都到廁所洗臉、洗頭、抹了身子、換了衣服褲子，女生則持續崩潰。

有電源可以插，大家很熱衷打開電腦、插拔隨身硬碟交換這次旅行的照片，我則開始看小說，只剩最後五分之一本，希望可以在上飛機前看完。我看得很專注，點東西吃的時候也一直看一直看，沒怎麼搭理女孩。

肯亞盛產咖啡，嗜咖啡的我，這幾天卻沒在這個咖啡大國喝到什麼好咖啡。幸好臨去秋波，在這間機場旁餐廳喝到了棒呆了的黑咖啡，味道之香，令我幾乎捨不得加牛奶下去。

當我們酒足飯飽，笑呵呵自以為提早了三個小時到機場劃位時，這才驚覺……

肯亞航空，超爛！

真正的戰鬥才要開始！

肯亞航空婊我們的過程，我想黃安妮已經寫得很詳細了。

隔天才有辦法回台灣，這一個不管如何跟土人航空爭執都無法改變的事實，一開始非常具衝擊效果，但很快，我們就發現滯留肯亞一天其實也沒那麼糟糕。

李昆霖是開租書店，不是去租書店上班，沒差。王小啦是開面膜公司，不是去面膜公司上班，也沒差。唯一很難反駁的是他們聲稱很想念他們播下的種。

珊珊是學校老師，責任感很強，嚷著要趕著回台灣帶新生訓練（啊！厚著臉皮請假就好了啦！反正學生新生訓練都在玩！）。James 要參加學校的研討會議，很怕不回去開會會被大家發現，其實少逗個人開會也沒差別的事實（啊！厚著臉皮請假就好了啦！反正開會的時候大家都在打瞌睡！）。佐嘉自己開昆蟲店，爬蟲類一兩天不吃東西不會死。亮亮是一個比學生還不喜歡去學校的生物老師，沒差。何況夫妻在哪裡都可以交配。

與黑人持續戰鬥的李昆霖，正展現他的流氓氣勢。

靠，只要九把刀的手上有電腦，誰都干擾不了他！

沉浸在《少林寺第八銅人》裡的 James 完全不受影響。　　最悲情的夫妻檔，台灣企業界的基石！

酷哥常常以為自己還在當警察，其實他已經跟退休沒兩樣，此時正好是酷哥展現自己優異的請假能力──「惡魔果實能力：無限的請假！」的最佳時機。酷嫂也是學校老師，不過她的思想還持續停留在暑假中，沒差。

阿響返台的隔天，就要去後備軍人的「教召」。教召那種沒人想去的鬼東西阿響倒是很有興趣，因為好吃懶做一天有幾百塊可以拿。年輕人就是年輕人，真想不開。現在班機延誤，阿響只好放空。

Sally 還是一個研究生，研究生嘛……就是一種一直假裝論文有進度的虛擬職業啊！我懂！我了解！只要 Sally 身上的美金夠多張，完全可以等半年後再回台灣！

鍾權是導演。導演沒東西拍的時候，是全宇宙最閒的兩大職業之一。

楊蕙心啊……她做什麼職業我到現在還不知道，不過她總是看起來很歡樂的樣子，只要定時餵食糖分跟水就能夠維持生命反應。OK 的！

剛剛才從學校畢業的女孩，還沒開始工作，全世界最愛她的人又恰恰好站在她旁邊打呵欠，她當然不急著回台灣。於是女孩悠然自得地走來走去，幫大家顧行李，跟大家一起苦中作樂，完全不需要我費心思安慰她。

至於我，由於我選了一個接近廢物的職業，所以這個世界沒有一個地方迫切需要我，沒有人要我趕回去做任何事，想來真是感傷。

但除了感傷自己不重要外，滯留在肯亞好像也沒什麼了不起，從容不迫是我的特色，臨危不亂是我的風格，於是我開始打開筆記型電腦，整理起這次肯亞之旅的短文筆記。

James 最幸福了，因為他正在看我寫的《少林寺第八銅人》，距離無聊相當遙遠。

唯二真的很急著回台灣的，就是黑犬跟黃安妮了。

身為此不務正業旅行團中罕見擁有正當職業的黑犬跟黃安妮，是其公司的中流砥柱，他們是台灣企業員工的表率，是員工責任制的指標，黑犬跟黃安妮聲嘶力竭地在機位櫃檯前哭訴自己如何被公司所需要……如果再不讓他們補上機位回台灣，恐怕不必等公司炒掉他們，公司就會先一步瓦解。

酷哥不曉得一直在爽三小。

正從奈洛比機場撤退中。

很遺憾！
肯亞航空就是婊到底啦！
一番波折後，整天只喝可樂度日的楊蕙心吐了，父不詳↵所以我們就被安排到方圓十公里內最好的
五星級飯店睡覺（……好像沒什麼關係喔?!）。
表面上住到五星級飯店好像很棒，然而我到肯亞可不是來享受冷氣的，比起女王的樹屋，比起
Samburu Sopa Lodge 的大木屋，這種五星級飯店真的毫無特色，但對憤怒了半晚、也餓了半晚
的我們來說，有個正常的地方可以洗熱水澡是很奢侈的事，大家的情緒逐漸逆轉，到後來竟然還有
點嗨。
當然了，最喜歡研究客房服務的女孩與我，照例點了非常好吃的海鮮義大利麵送到房裡當宵夜↵持
續快樂地變胖。
躺在床上，實在是太舒服了，這種過爽的感覺好像會招來不幸，所以我又開始洗衣服，洗褲子，洗
鞋子，整理行李箱，完全就是居家男人的典範。

據說有一團大陸人也因為飛機座位被一直取消，被航空公司扔到這間五星級飯店來住，已經連續住
了五天。他們說，住得很爽！吃吃喝喝很滿意！啊怎麼不一開始就去香港玩呢?????

在肯亞互相大便的男人 ── 2 men taking a squat on each other

挺不錯的五星級房間，至少今晚可以睡個好覺啦。

客房服務是深夜肚子餓的王道。

這裡床好,吃好,熱水好,可網路一個小時要付費一千先令!如此險惡的環境,逼得我們這一群已脫離網路穴居的台灣鄉民恨不得立刻回家,連續爆肝二十四小時上網啊。(我的噗浪忘了請假,Karma 值整整掉了七!七!!)

隔天下午,大家慵懶地上了飛機,原本以為從此就會一路順風的我們,實在是太天真了。

超雞巴的肯亞航空(此致肯亞航空:幹,我不相信你會找我代言,所以我幹定你了!)其實只想把我們扔離肯亞,等我們一被丟到無法向他咆哮的地方,他就可以科科科冷笑不管(一度還想將我們丟到更離奇的杜拜,去過去也 OK 啊!但帆船飯店要不要連帶提供啊?)。

我們到了孟買,驚覺預定轉機到香港的國泰航空的所有機位,悄悄蒸發了。疑心病非常重的我們經過短暫的討論,一致認為是國泰航空的票價比較高,要負擔轉機費用的肯亞航空覺得不划算,於是先騙我們離開肯亞再說,之後再閃電砍掉機位,要變成國際人球的我們在孟買的轉機處自己想辦法。

幹。

這種轉來轉去轉個雞巴毛的事,算起來,絕對是大便界的事。

大便界有誰不認識我們昆霖哥呢?當然就交給李昆霖去交涉。

非常熟練「隨遇而安」這四個字的平凡人我們,就坐在地上,圍著唯一的電源插孔玩電動、打電腦、玩手機,時間一分一秒過去,我們越來越餓,但因為沒有登機證,不能到只有一牆之隔的機場內部吃東西,餓了就只能去飲水機喝水喝到飽,喝累了就去尿尿順便打發時間,形成一個悲慘的無限迴圈。

此時,女孩終於崩潰了。

女孩無限好,只怕肚子餓……她很怒,埋怨為什麼孟買機場要讓我們這麼餓,卻不給我們登機證去吃東西!就算不給我們登機證,為什麼不能發幾個麵包給我們吃!女孩把氣全出在我身上,用嚴厲的眼神凌遲我。

已經無法回想到底過了幾個鐘頭，餓到神智不清的我們終於迷迷糊糊上了印度航空的廉價飛機。

在滿機印度人又香又濃的體味包圍下，我們兩眼無神看著一點都不國際化的印度飛機餐，餐盒裡面有個布丁，聞起來超像精液，至於吃起來像不像，靠我就不想知道了。將飛機餐吃光光原本是我的強項，但這一餐我只屈辱地吃了一半，女孩更是只吃了幾口。

飛機上的空姐又老又醜我不怪她，但印度航空的「空之阿嬤」也滿沒禮貌的，都用管教小孩的語氣在問我：「Water？Water！WATER！！」機上的廁所是一團災難，算了我不想再回憶。

飛機稍微在德里停了一下，補充了更大量的印度人、跟更大量更像精液的飛機餐後，再度搖搖晃晃起飛。公共的飛機大螢幕上，則上映著邏輯特殊的寶萊塢電影。沒關係，只要再忍耐八個小時……之後迎接我們的，就是我超喜歡的香港！

雖然早就有心理準備，即使降落在香港也不見得當天晚上就有候補機位回台灣（我們在孟買劃的機位，竟然是抵達香港的後天凌晨的返台飛機），但香港是我除了台灣以外最熟的地方（對，比澎湖金門馬祖還熟啊），只要飛機輪子在赤鱲角一著地，我就可以靠奶油菠蘿包跟魚蛋麵活得很好。

女孩根本就很期待沒有候補的機位回台灣，她很開心又可以跟我一起逛香港尖沙咀，到處吃茶餐廳跟港式飲茶。雖然我身上的美金也快花完了，不過在香港光靠信用卡就能堅強地活下去。

對我來說，飛機幾乎是以緊急迫降的姿勢抵達香港的。

我們十六人，有的要回台北，有的要回高雄，只有回高雄的立刻有機位，於是李昆霖夫婦跟佐嘉夫婦瞬間消失，再過一小時，阿譽跟 Sally 也排上了飛高雄的候補，連跟我們說掰掰都來不及就整個不見。

剩下十個人，形成的氛圍是……除了黑犬夫婦（返台指數：90）與 James 夫婦（返台指數：75）這兩對看起來滿想回台灣外，酷哥夫婦（返台指數：30）、鍾權（返台指數：5）、楊蕙心（返台指數：身為猶豫界的一姊，楊蕙心照例極為猶豫，在 60 與 10 之間徘徊）、女孩與我（返台指數：5），都非常想黏膩在香港逛街！腳底按摩！吃真正的食物！

由於我們不想當沒有義氣的人，想說至少陪黑犬夫婦等一下今晚最後一班回台北的飛機候補，等不到，或等到了，我們其他不急的鄉民再組團入境香港。萬萬沒想到……等著等著……竟然讓我們十個人全等到了華航的機位！

懷著濃濃的恨意，我們就這樣被華航遣送回台。

印度人不見了。
飛機上的人講的話我都聽得懂，也不用一直閉氣。

空之阿嬤不見了。
美麗的空姐低著身，笑笑問我要不要咖啡。

好不容易得到的機票，香港！我來啦！

我完全不想回憶的飛機餐。

奇怪的電影不見了。

我挑了光頭猛男馮迪索演的「玩命龜關頭 4」，還有中文字幕。

精液餐不見了。

打開餐盒，香氣四溢的港式餐點讓我差點掉淚。

我差點掉淚，抗壓力超差的楊蕙心則真的崩潰了。

原本還想在香港暴力揮霍的楊蕙心同學，在飛機降落在桃園機場的一瞬間，開始像個醜女一樣大哭。她將已經流出鼻孔的鼻涕倒吸回嘴巴再吃下去，哽咽說她剛剛一直用 iPod 聽周杰倫的〈稻香〉培養情緒，結果從窗口一看到桃園機場的 LED 國旗燈，她的思鄉情懷果然就高潮了。

通關的時候，我一直跟女孩說，幸好沒留在香港吃奶油菠蘿包，而是跟大家一起擠回台灣，不然就不能體驗到這種歷劫歸來的被虐感。

美中不足的是，楊蕙心跟我的行李被寄丟了。

楊蕙心像中邪一樣不斷發笑，因為她神經質買了兩個保險，共可理賠四萬塊。

楊蕙心還滿悠然自得的體質。　　無窮盡地打發時間，幸好我有帶 air！

香港機場果然十分人性化啊！

是的，我的肚子還是適合文明的
東方食物。

女孩笑得很燦爛。

入境台灣，大家都嗨翻了。

價值連城的大合照。

我則有點傷心。

裝在行李裡的衣服褲子我都很喜歡，但只要再花錢就能買得到，然而我在肯亞買的幾個爛木頭，爛歸爛，依舊是我寶貝的回憶啊……

「九把刀，看你這麼可憐……」

鍾權展現他 Gay 的一面，溫柔地指著他插在背包上、用報紙包裝好的長頸鹿。

「這個送你好了。」鍾權綻放 Gay 的紳士笑容。

「真的假的？」我立刻縮肛，欲拒還迎說：「不要這樣啦！」

「真的啊，看你那麼可憐。」鍾權又電了我一下。

「好啊！」我趕緊說好：「真的喔！如果我行李找回來也不會還你喔！」

「好啦好啦！」他一定勃起來了。

就這樣，我用辛苦使出的大絕招「行李不見」，俘虜了鍾權的長頸鹿。

被當人球踢來踢去，這一番多餘又反覆的折騰，害我在接下來的幾天都沒辦法專心回憶肯亞生動狂野的畫面，而是被幸福感充滿……台灣，我真的愛死你了！

──第二天，行李輾轉寄到了台灣，女孩的家門口。

失而復得不算什麼，重要的是……

那隻象徵「鍾權的愛」的長頸鹿，好整以暇，昂然站在我的電視櫃上啊！！！

行李遺失的得獎雙人組。

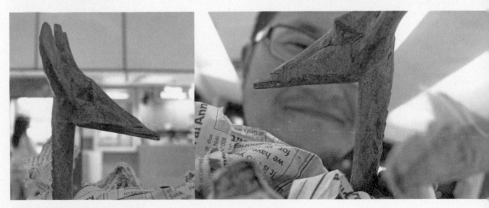

我的得獎獎杯是這隻超帥的長頸鹿。

總有一天我還要再回來，一定。

在肯亞
互相大便的
男人

國家圖書館出版品預行編目資料

在肯亞互相大便的男人／九把刀、李昆霖、黃安妮著；
—初版—臺北市：春天出版國際,2012.02
ISBN 978-986-6000-14-0（平裝）

765.69   101001066

九把刀電影院 15
在肯亞互相大便的男人

作　　者 ◎ 九把刀、李昆霖、黃安妮
作家經紀／活動洽詢 ◎ 群星瑞智藝能有限公司（02-55565900）
總 編 輯 ◎ 莊宜勳
照片提供 ◎ 阿譽
英文字卡繪圖 ◎ 小內
英文字卡美術編輯 ◎ Blaze Wu
封面設計 ◎ 克里斯
排　　版 ◎ 克里斯、三石設計

發 行 人 ◎ 蘇彥誠
出 版 者 ◎ 春天出版國際文化有限公司
地　　址 ◎ 台北市忠孝東路四段303號4樓之一
電　　話 ◎ 02-2721-9302
傳　　真 ◎ 02-2721-9674
E－mail ◎ frank.spring@msa.hinet.net
網　　址 ◎ http://www.bookspring.com.tw
部 落 格 ◎ http://blog.pixnet.net/bookspring
郵政帳號 ◎ 19705538
戶　　名 ◎ 春天出版國際文化有限公司
法律顧問 ◎ 蕭顯忠律師事務所
出版日期 ◎ 二〇一二年二月初版
定　　價 ◎ 320元

總 經 銷 ◎ 楨德圖書事業有限公司
地　　址 ◎ 台北縣新店市復興路45號3樓
電　　話 ◎ 02-2219-2839
傳　　真 ◎ 02-8667-2510